융 심리학 입문

A PRIMER OF JUNGIAN PSYCHOLOGY

융 심리학 입문

캘빈 S. 홀 | 버논 J. 노드비 지음

김형섭 옮김

문예출판사

머리말

《프로이트 심리학 입문》은 1954년에 출판되었는데, '정상적' 인격의 발달과 구조, 역동성에 대한 지크문트 프로이트(Sigmund Freud)의 아이디어들을 공부하는 학생과 일반인 들에게 널리 알리기 위해서였다. 책이 출판된 후 매우 많은 사람들이 읽은 사실로 보아 책이 씌어진 목적은 충분히 달성된 셈이다.

우리는 오랫동안 C. G. 융의 심리학적 관점에 대해서도 소개하고픈 욕구를 품어왔다. 그러나 그런 내용에 관한 책을 원하는 사람들이 많지는 않을 것이란 예상 때문에 망설였다. 미국에서 강연을 할 수 있는 기회를 제공해준(1909년) 1900년대 초반의 단어연상검사와 내향성과 외향성에 관한 융의 개념을 제외하고는 미국뿐 아니라 다른 나라 심리학자들도 스위스의 심리학자이며 동시에 정신과 의사였던 융(1961년 사망)에 대해 별반 관심을 기울이지 않았다. 어쩌다 융의 아이디어에 대해 검토를 했더라도 결국엔 등을 돌리기 일쑤였다. 그들의 비판은 간혹 옳기도 했지만 대개는 융에 대해 근본적으로 잘못 알고 있었다.

부분적으로는 융에게도 일부 책임이 있다. 융의 문장은 난해한 편이어서 종종 그의 생각을 제대로 따라잡기 어려운 경우가 있었다. 더구나 융이 다루고 있는 주제에 대해 이해할 수 있을 만큼 충분한 지식을 갖추고 있는 독자들은 많지 않았기 때문에 일반적인 사람들은 융에게 별로 관심을 기울이지 않았다.

지난 몇 해 동안 융 심리학에 관한 긍정적 관심이 나타나기 시작했다. 이런 관심은 특히 젊은 심리학자와 학생, 일반인 들 사이에서 일어나고 있다. 그들은 융이 인간 행동에 관해 뭔가 중요한 것을 말하고 있다고 믿는다. 우리 역시 그렇게 생각한다. 우리는 융이 근대 사상의 최고 혁신자 혹은 리더 가운데 한 사람이라고 생각한다. 따라서 그를 모른다는 것은 이 험한 시대를 현명하게 헤쳐나갈 수 있는 아이디어 하나를 놓치는 것과도 같다. 그것이 우리가 이 책을 쓰게 된 이유이다. 프로이트를 이해할 수 있도록 하기 위해 '프로이트 심리학 입문'을 썼던 것과 마찬가지로 이 책 또한 '정상적' 인격의 발달과 구조, 역동성에 대한 융의 기본 개념들을 독자들에게 소개하기 위한 것이므로 그 목적이 달성되기를 기대한다.

프로이트 입문처럼 이 책도 단순한 설명문이다. 우리는 융의 개념과 이론을 분명하게, 간단하게 그리고 빈틈없이 나타내려고 노력했다. 우리는 융의 아이디어에 대해 평가하거나 비평하려고 하지 않았을 뿐 아니라 다른 심리학자나 정신분석가 들과 비교하려고 하지도 않았다. 또한 비정상적 행동(신경증과 정신병)이나 정신치료에 관한 융의 관점에 대해서는 생략했고, 분석심리학의 근간을 만든 융 학파의 심리학자와 정신과 의사 들에 대해 논하는 것도 피했다.

이 입문서에는 융이 직접 저술한 자료들만 이용했다. 그 자료들은 영어로 번역되어 프린스턴 대학 출판부에서 출판된 열아홉 권의 책자들로, 특별한 경우를 제외하고는 이 책에서 인용된 문구는 모두 이 전집에서 가져왔으며, 리스트는 따로 정리했다('융을 읽으려는 사람들을 위한 가이드' 참조).

모쪼록 이 입문서가 독자들이 융의 다른 저서에도 관심을 갖는 데 보탬이 되기를 희망해본다.

캘리포니아 산타 크루즈에서

캘빈 S. 홀, 버논 J. 노드비

차례

현명하고 훌륭한 융 학파의 모든 동료들,

취리히의 C. A. 마이어, 샌프란시스코의 존 휠라이트,

그리고 융을 추모하며 이 입문서를 바칩니다.

1장

칼 구스타프 융(1875~1961)

"내 생애는 무의식에 대한 자기 인식의 이야기이다."

칼 융이 개인 비서인 아니엘라 야페(Aniela Jaffé)의 도움을 받아 자신의 전기를 쓰기 시작한 것은 그의 나이 여든두 살 때인 1957년 이었다. 이 결과물은 1961년 융이 사망하던 해에 '추억, 꿈, 사상 (Memories, Dreams, Reflections)'이라는 제목으로 출판이 되었는데, 융은 자신의 지적인 성장을 이룩하게 만든 영향력과 힘에 대해 놀 랄 만큼 솔직하게 평가해놓았다. 융은 자신의 삶에 대해 객관적인 설명을 해주는 대신 주관적이거나 내면적인 내용, 꿈과 환상의 세 계, 영적인 경험을 분석하고 묘사하는 쪽을 선택했다.

다행스럽게도 융의 생애에 관한 다음의 간략한 서술은 이 유일한 자료에서 얻을 수 있었다. 어린 시절의 경험들이 강조되었는데, 이 는 융이 자신의 성격적 특성, 태도, 흥미를 형성하는 데 어린 시절 이 결정적인 요인으로 작용했다고 여겼기 때문이다. 그러나 우리 는 독자들이 융이 어떤 사람이었으며, 무엇을 했는지에 대해서도 알고 싶어하리라 여겼기에 전기적(傳記的)인 사실들도 소홀히 하지 않았다.

1 어린 시절과 청년기

융은 1875년 7월 26일 스위스 북동쪽에 위치한 콘스탄스 호반의 케스빌이라는 조그마한 마을에서 태어났다. 칼 구스타프 융(Carl Gustav Jung)이란 이름은 바젤 대학교의 의과 대학 교수였던 조부의 이름을 따서 지어졌다. 융이 태어나기 전 어려서 죽은 형이 둘 있었기 때문에 그는 스위스 개혁파 목사의 장남이자, 유일하게 살아남은 단 하나의 아들이었다.

융이 생후 6개월 되었을 때 그의 아버지는 라인 강가에 있는 작은 마을인 라우펜의 한 교구를 맡게 되었다. 아마도 결혼생활의 어려움으로 인한 것이었겠지만, 그곳에서 융의 어머니는 신경장애 (nervous disorder)를 일으켜 몇 달 동안 병원에 입원하게 되었다. 어린 융은 나이 많은 큰어머니와 하녀의 보살핌을 받게 되었다.

큰어머니는 처음으로 융에게 목사관의 창문을 통해 험준한 알프스 산맥의 풍경을 보여주었다. 그는 알프스 산맥의 풍광에 매료되

융의 조부 칼 구스타프 융(1794~1864년)

어 당장에 가보자고 졸랐지만 큰어머니는 나중에 가자고 그를 달랬다. 지금도 그렇듯이 산과 호수와 강은 스위스 어린이들에게 자연의 서식지였다. 융은 "물이 없이는 아무도 살 수 없다"는 것을 그때 알게 되었다. 그래서 고도의 지적 생활을 하면서도, 융

은 항상 자연의 품안에 있었다.

죽음 또한 그에게는 낯설지 않았다. 그 고장 어부들은 예상치 못한 소용돌이에 휘말려 죽는 일이 종종 있었다. 그는 어부들의 장례식에 관한 기억들을 생생하게 간직했다. 깊은 구덩이 곁의 커다란 검은 상자, 검은 예복에 검은 모자 차림의 목사가 집행하는 장례식, 그리고 음산하고 선뜻한 얼굴들을 그는 기억했다. 그의 아버지 외에도 숙부들 중에 여덟 명이나 되는 목사들이 있어서 융은 검은 옷차림의 근엄한 사람들에 휩싸여 어린 시절의 상당 부분을 보냈다. 이런 근엄한 사람들의 모습은 오랫동안 어린 소년에게 두려움을 품게 했다.

융의 가족이 다음으로, 그리고 마지막으로 이사한 교구는 바젤에서 3마일쯤 떨어진 비제 강가의 클라인-훼닝겐이라는 마을이었다. 한번은 댐이 무너져 홍수가 나는 바람에 열네 명이나 물에 휩쓸려 사망하는 일이 있었다. 그 당시 여섯 살이었고 모험을 좋아했던 융은 홍수가 지나가자 피해 상황을 조사하겠다며 밖으로 뛰쳐나갔다가 모래 속에 반쯤 파묻힌 한 남자의 시체를 발견했다. 또 가끔은 돼지를 도살하는 광경을 보곤 했다. 이런 경험들은 그를 극도로 흥분시켰으나, 그의 어머니는 그런 끔찍한 일에 어린아이가 흥미를 느끼는 것이 불건전하다고 생각하며 당혹스러워했다.

어린 시절 융 자신도 몇 번 죽을 뻔한 적이 있었다. 한번은 머리가 깨져 교회의 계단을 온통 피로 물들였고, 또 한번은 라인 강의 폭포에 가로놓인 다리에서 떨어져 거의 죽을 뻔했으나 하녀에 의해 가까스로 구조되기도 했다.

| 어린 시절의 융

여동생은 그가 아홉 살이 될 때쯤 태어났기 때문에 융은 대부분 혼자서 놀았다. 그는 놀이를 스스로 만들고 즐기다가 그것을 좀 더 새롭고 복잡한 놀이로 만들곤 하는 것으로 시간을 보냈다. 놀이를 하는 동안은 어느 누구든 참견을 하거나, 방해를 하거나, 구경거리 삼는 것을 용납하지 않았다. 융은 새로 태어난 여동생에 대해서도 무관심했다. 여동생의 존재를 무시하고 여전히 혼자서 놀았다. 융은 이미 그때부터 내성적이었으며 그 성격은 일생을 통해 유지되었다.

융이 아주 어린아이였을 때부터 융의 부모님은 사이가 좋지 않았다. 그분들은 방도 따로 썼기 때문에 융은 아버지와 함께 잤다. 융은 그의 어머니가 밤사이 내던 이상하고 기묘한 소음들을 기억했다. 그 소리들 때문에 융은 불안했고, 끔찍한 꿈을 자주 꾸었다. 어느 날 꿈에서는 어떤 사람이 어머니 방의 문을 열고 나오는 모습을 보았는데, 그 사람의 머리는 몸통에서 떨어져 공중에서 둥둥 떠다녔다. 그러다가 또 다른 머리가 나타나 몸통에 붙었다가는 다시 떨어져 떠다니더니 사라졌다.

융의 아버지는 예민하고 상대하기가 까다로운 사람이었다. 게다가 그의 어머니는 정서장애와 우울증으로 고생하고 있었다. 융은 이런 분위기를 더는 참을 수 없게 되면 다락방으로 도피를 하곤 했다.

그곳에는 그를 위로해주고 편안하게 해주는 친구가 있었다. 그 친구란 융이 나무를 깎아 만든 난쟁이 인형이었다. 그 난쟁이 인형과 함께 융은 시간 가는 줄 모르고 여러 가지 의식(儀式) 놀이에 몰두했다. 다락방에는 난쟁이 인형과 함께 비밀 조약서와

결혼 2년째의 융의 양친(1876년)
아버지 파울(1842~96년)이 32살, 어머니 에밀리에(1848~1923년)가 26살 때의 모습이다.

세밀화 두루마리가 숨겨져 있었다. 융은 난쟁이 인형과 오랫동안 이야기를 나누는 가운데 마음속 비밀들을 털어놓았다.

열한 살 때 융은 마을의 학교에서 바젤 시에 있는 큰 학교로 전학했다. 그곳에서 그는 이전에는 상상도 못했을 정도로 부유한 아이들과 어울리게 되었다. 그들은 굉장한 부잣집 아이들이었다. 바젤의 부유한 사람들은 널찍한 저택에 살면서 고상하고 세련된 독일어와 프랑스어를 구사했다. 또한 훌륭한 말들이 끄는 아름답게 장식된 마차를 타고 다녔다. 융의 새로운 급우가 된 그들의 자녀들 역시 품위 있는 행동거지에 세련된 옷차림을 하고 다녔으며, 용돈을 넉넉히 가지고 다녔다. 그 부유한 아이들은 알프스 산맥, 취리히 호수뿐 아니라 융이 그토록 동경해왔던 여러 곳에서 휴가를 즐긴 이야

기를 했다. 가난한 목사의 아들이었기에 다 떨어진 구두와 비에 흠뻑 젖은 양말을 신고 학교에 다녀야 했던 융은 그들이 부러웠다. 융은 그의 부모에 대해 이전과 다른 생각을 하게 되었다. 아버지에 대해 전에는 느껴보지 못했던 얼마간의 연민도 느끼게 되었다. 그제야 그는 그의 아버지가 얼마나 가난한지를 깨닫게 되었다.

얼마 되지 않아 학교가 싫어졌다. 융이 진정으로 흥미를 느끼고 있는 주제에 대한 책을 읽을 수 없었기 때문이다. 학교는 시간을 너무 많이 빼앗았다. 신학 수업이 특히 지루했고, 수학과 관계된 것은 어떤 시간이든 싫었다. 체육 시간도 싫어했는데, 정신을 잃는 발작이 일어나면서부터는 수업을 받지 않아도 되었다. 이런 신경성 발작은 점차 횟수가 늘어나서, 급기야 6개월이 넘게 학교를 쉬게 되었다. 이렇게 결석을 하는 동안 그는 무엇보다도 높이 평가하고 있던 쾌락, 즉 읽고 싶던 책을 마음껏 읽고 자연의 품에서 탐험을 즐기는 자유를 만끽했다. 그는 나무, 돌, 동물, 호수로 이루어진 신비로운 세상과 아버지의 서재로 몰입했다.

융의 부모는 아들의 발작이 걱정되어 몇몇 의사에게 진찰을 받게 했다. 그러나 그 중 한 의사가 간질발작일 수 있다고 한 것 말고는 이렇다 할 진단이 내려지지 않았다. 따라서 처방된 약을 먹어도 별 효과가 없었다. 하지만 융 자신은 태평스러웠다. 아버지가 융의 건강에 대해 묻는 친구에게 하는 이야기를 우연히 듣기 전까지는 자신의 상태가 얼마나 심각한지 전혀 생각조차 하지 않았다.

"의사 말로는 그 아이에게 무슨 문제가 있는지 더는 알 수 없다는군. 만약 나을 수 없는 병이라면 끔찍한 일이야. 자기 힘으로 살아갈 수조차 없게 된다면 그 앤 어떻게 될지……. 그나마 하나 남은 아들을 잃게 생겼어."

김나지움 4년(18살) 때의 성적표
학업성적은 거의 1이나 2(1이 최고점)지만, 행동평가가 3으로 낮다. 산책 때마다 소란을 피우는 등의 행동으로 질책을 받았다고 씌어 있다.

융은 커다란 충격을 받았다. 갑자기 자신의 현실이 다가왔다. 그 순간부터 융의 병은 말끔히 나았고 더는 재발하지도 않았다. 그는 아버지의 서재로 달려가 라틴어 문법을 다시 외우기 시작했다. 복학한 후에는 그 어느 때보다 더 열심히 공부했다. 이 경험을 토대로 융은 신경증이 무엇인지 실감하게 되었다고 말하고 있다.

어린 시절부터 융에게는 누구에게도 말하지 않았던 꿈과 경험과 감정이 있었다. 종교에 대한 질문은 금기였다. "믿어라. 그리고 신앙을 가져라" 하는 말은 융이 종교에 대한 어떤 개념에 대해 물으면 언제나 되돌아오는 대답이었다. 종교는 융의 마음속에 혼란을 일으키는 주제였을 뿐 아니라 아버지와의 의사소통 창구를 막는 장애물이기도 했다. 융은 자신의 어린 시절에 대해 견딜 수 없을 만큼 외로웠다고 말하고 있다.

"따라서 나와 세상과의 관계양식은 이미 결정되어 있었다. 그때

나 지금이나 나는 고독하다."(《추억, 꿈, 사상》, 이하 《자전》으로 약칭, p.41)

융의 종교적 갈등은 청소년기까지 지속되었다. 그는 책을 통해 풀리지 않는 의문의 해답을 구하려고 애썼다. 이런 문제에 열중하다가 지겨워지면 그는 시, 희곡, 역사를 읽으며 자신을 달랬다. 아버지와의 종교에 관한 논쟁은 언제나 만족스럽지 못한 결과로 끝났으며, 종종 무의미한 말씨름의 결과로 서로에게 험악한 감정만 남기기도 했다. 목사인 아버지는 이런 가시 돋힌 논쟁에 화를 내기도 하고 슬퍼하기도 했지만, 아이러니하게도 말년에는 융이 경험했던 것보다 더 심각한 종교적인 갈등에 빠지게 되었다.

융은 신학 문제에 몰두하기도 했지만, 학업에 열중해서 학급에서 수석을 하기도 했다. 열여섯 살이 되면서 종교에 대한 갈등은 다른 분야에 대한 관심, 특히 철학에 대한 관심으로 조금씩 전환되었다. 그리스 철학자들의 사상도 융의 마음을 끌어당겼으나, 고통, 혼돈, 열정, 그리고 악(惡)의 문제를 논한 쇼펜하우어가 특히 좋았다. 마침내 융은, 그가 우주의 기본 원리들이 모두 최선을 지향하는 것은 아니라는 점을 인정할 만큼 용기 있는 철학자라고 생각하게 되었다. 쇼펜하우어는 인생을 자신이 본 그대로 표현했고, 인간의 추악한 부분들을 감추려 하지 않았다. 이런 철학적 메시지는 융에게 인생에 대한 새로운 눈을 뜨게 했다.

이 시기 동안 융은 수줍고 의심 많은 사람에서 적극적이고 대화를 즐기는 사람으로 바뀌었다. 좀 더 자신감이 생긴 듯했고, 많은 친구들을 사귀면서 자신의 생각이나 의견을 새 친구들에게 털어놓기도 했다. 그러나 그때마다 그의 생각에 대한 조소와 적의만이 돌아왔다. 마침내 융은 다른 학생들에게서 비난받는 이유를 알게 되었다. 그것은 그가 정규 수업 과정에서는 다루지 않는 광범위한 주제에 대해 책을 읽었고, 여기서 얻은 지식은 다른 급우들이 알 수 없는 것들이었기 때문이다. 그가 학급에서 그런 내용에 대해 이야기하면 이를 이해할 수 없었던 그들은 융이 자기 머릿속에 떠오르는 생각이나 이론을 닥치는 대로 짜맞춰 말하는 허풍쟁이라고 생각했다. 실제로 어떤 교사는 융이 누군가의 사상을 표절하고 있다며 그를 책망하기도 했다. 융은 따돌림을 당하는 느낌을 받았고, 다시 자기 자신 속으로 움츠러들었다.

젊은 시절 융이 가지고 있던 자기 이미지는 종교적·철학적 의문에 어쩔 줄을 모르는, 그리고 세상에 대해 호기심이 가득한, 고독하

17살 때의 융
바젤 근교의 늪에서 친구들과 보트를 타고 있다.(맨 오른쪽 사람이 융)

고 책을 좋아하는 지식인이었다. 그는 어른이 된 후에도 평범하지 않았던 것처럼 어릴 적에도 확실히 평범한 아이는 아니었다. 그러나 그런 기질을 가졌다 하더라도 대부분의 사람은 비범한 재목으로 자라지 못하고 미성숙한 상태로 머물러 신경증적이 되거나 기행을 일삼으며 인생을 허비하는 경우가 허다하다.

2 전문가로서의 활동

고등학교를 마칠 무렵, 융의 부모는 그에게 앞으로 무슨 일을 할 거냐고 물었다. 융은 대답할 수 없었다. 여러 방면에 흥미를 가지고 있었지만 그 시점에는 어떤 특정한 방향으로 진로를 결정할 준비가 미처 되어 있지 않았다. 그는 자연과학의 구체적인 사실들에 마음이 끌렸으나, 비교종교학이나 철학에 대해서도 흥미가 있었다. 그의 숙부들 가운데 한 사람은 신학을 공부할 것을 강력히 권했으나, 융의 아버지는 그에게 그 선택을 단념하도록 충고했다.

대학에 들어갈 날이 다가왔지만 융은 여전히 전공을 결정하지 못했다. 그는 자연과학, 역사학, 철학, 고고학 등 네 분야에 흥미를 느끼고 있었다. 그러나 고고학에 대한 선택은 곧 제외되었다. 바젤 대학에는 고고학과가 개설되어 있지 않았고, 유학을 할 수 있는 형편도 못 되었기 때문이다. 결국 자연과학을 택하기는 했지만 강의가 시작되고 얼마 되지 않아 갑자기 의학을 공부하는 것도 좋을 것 같

융과 가족(1893년)
아버지 파울, 여동생 아트루트, 어머니 에밀리에와 융. 융의 아버지 파울은 이 사
진을 찍은 지 2년 만에 세상을 떠났다.

다는 생각을 하게 되었다. 그때까지 그런 생각을 하지 못했던 것이
이상할 정도였다. 사실 융이 이름을 물려받은 그의 조부는 이 바젤
대학의 의대 교수였다. 융은 누구도 모방하지 않겠다고 맹세했던
사실 때문에 조부와 같은 전공을 택하는 것에 저항을 한 것이라고
생각했다. 등록금 일부는 아버지가 도와주었고, 나머지는 학교에서
빌렸다.

　융이 입학하고 나서 일년이 지났을 때 아버지가 돌아가시게 되자
융의 재정 상황은 악화되었다. 더구나 융은 어머니와 여동생을 부
양할 책임까지 짊어져야 했다. 학업을 중단하고 취직을 하라고 강
력하게 권하는 친척도 있었으나, 다행스럽게도 숙부 중 한 사람이

그의 가족을 돌봐주겠다고 약속했고, 다른 친척들은 학업을 계속할 수 있도록 돈을 빌려주었다.

　해부학 과정이 끝나갈 즈음 융은 하급 조수직을 얻었고, 다음 학기에는 조직학(Histology) 과정을 담당하게 되었다. 그는 여전히 시간을 내어 철학 서적을 탐독했다. 3학년이 되자 외과와 내과 중 어느 쪽을 전공할 것인가 하는 문제로 고민하다가 결국 전공 선택을 단념했다. 전공을 하기 위해서는 교육을 더 받아야 하는데, 경제적인 여건이 허락하지 않았기 때문이다.

　융의 직업 선택은 다음해 여름방학 때 몇 가지 신비한 경험을 하게 됨으로써 이루어졌다. 융의 생애에서 꿈, 환상, 초심리학적 현상들은 융에게 항상 큰 역할을 해왔다. 특히 융이 중요한 결정을 해야

바젤 대학 의학부에 재학 중인 융
1896년~97년 겨울 학기. 앞줄 왼쪽 끝이 융.

할 경우는 더했다. 융은 어린 시절부터 자신의 마음속에 존재하는 무의식 현상들에 유의하고 있었으며, 특히 꿈으로 나타나는 부분에 대해서는 각별했다.

첫 번째 신비한 경험은 어느 날 융이 자기 방에서 공부를 하고 있을 때 일어났다. 그는 갑자기 총소리 같은 요란한 소리를 들었다. 그가 옆방으로 달려가보니, 어머니가 커다란 식탁에서 3피트쯤 떨어진 곳에 앉아 계셨다. 그 식탁은 이어 댄 곳도 없는 튼튼한 것이었는데도 가장자리에서 가운데까지 쪼개져 있었다. 오래된 호두나무로 만든 그 식탁이 온도나 습도 변화 때문에 쪼개질 리는 만무했다. 융은 혼란스러웠다.

두 번째 경험은 어느 날 밤에 일어났다. 이번에는 빵바구니에 넣어두었던 커다란 칼이 산산조각이 났다. 융은 그 조각들을 들고 가서 칼장수에게 보였다. 칼장수는 칼을 살펴보고는 고개를 갸웃거리며 말했다. "이 칼엔 아무 문제도 없었던 것 같은데요. 쇠 자체에도 문제가 없고, 누군가 일부러 조각을 내기 전에야 이렇게 되기 어렵지요." 그 후 오랜 세월이 지나 아내가 불치병에 걸렸을 때 융은 그 파편들을 금고에서 꺼내어 본래 형태대로 맞추어보았다.

이런 일들이 있고 나서 얼마 되지 않아 융은 매주 토요일 친척집에서 열리는 강신(降神) 모임에 참석하기 시작했다. 그는 계속해서 신비한 현상들에 흥미를 느꼈으며, 박사학위 논문 작성을 위해, 친척집의 강신 모임에서 영매 역할을 하는 열다섯 살 소녀의 행동을 면밀히 연구했다.

〈교령회〉
1880년경에는 영매를 통해 영혼과 대화한다는 강신 모임이 여러 장소에서 열렸다. 특히 융의 외가에서는 융의 사촌누이 헬레네 등을 영매로 하여 가끔 교령회를 열었다.(마이스터 카스팔린 그림)

이런 신비한 현상들은 융의 관심을 심리학과 정신병리학 쪽으로 돌려놓았다. 대학으로 돌아온 그해 가을 졸업시험 준비를 위해 그는 크라프트-에빙(Krafft-Ebing)의 정신의학 교과서를 읽었다. 첫 장을 읽으면서 번개처럼 그의 머리를 스치는 생각이 있었다. 정신의학이야말로 그가 나아가야 할 길이라는 생각이었다. 스물네 살이 되어서야 비로소 자신의 관심과 생각, 그리고 야심에 부합하는 영역을 찾아내게 되었다. 모든 것이 제자리를 찾은 것이다.

교수들은 융의 결심을 듣고 깜짝 놀랐다. 그들은 융이 정신의학처럼 애매한 학문 때문에 의사로서의 빛나는 앞날을 희생시키려는 데 놀라워했다. 일반적으로 의사들은 정신의학을 업신여기는 경향이 있었다. 그들은 정신의학은 터무니없는 이론들로 이루어져 있으며, 정신과 의사는 그들이 치료하고 있는 정신과 환자와 마찬가지로 괴상한 사람이라고 생각했다. 융은 평소 성격대로 결심을 굽히지 않았다.

1900년 12월 10일 융은 취리히 부르크횔츨리 정신병원의 조수로 취직이 됨으로써 전문가로서 첫발을 내딛게 되었다. 부르크횔츨리는 유럽에서 가장 유명한 정신병원이었다. 병원장은 정신병 치료법을 개발하고 정신분열병 개념을 발전시켜 세계적으로 유명해진 오이겐 블로일러(Eugen Bleuler)였다. 융은 그런 유명한 사람 밑에서 공부하고 일하게 된 것이 실로 행운이라고 생각했다.

또한 융은 그때까지 계속 살았던 바젤을 떠나 취리히에서 지내게 된 것도 기뻤다. 숨이 막힐 듯한 도시였던 바젤과는 달리 취리히는 어린 시

오이겐 블로일러(1857~1939년)
오랫동안 취리히 대학 정신과의 주임교수를 역임한 스위스의 대표적 정신의학자. 그가 제창한 '정신분열병'이라는 명칭과 증후론은 지금도 널리 사용되고 있다.

절부터 동경해왔던 알프스 산맥과 밋진 호수들에 둘러싸여 있는 아름다운 도시였다. 그는 그 후 평생 동안을 취리히에서 지냈다. 취리히 외곽의 쿠스나흐트에 있는 그의 집 뜰은 호수를 마주하고 있었으며, 나중에는 호수의 끝자락에 집을 짓고 은둔했다.

그는 자신이 선택한 전공에 익숙해지기 위해서 6개월 동안 병원에서 두문불출하며 환자들을 관찰하고 정신의학에 관한 문헌들을 폭넓게 읽었다. "나의 흥미와 연구의 핵심은 '정신적으로 병든 사람들의 내부에서 실제로 벌어지고 있는 일들이 무엇인가?' 하는 절박한 의문에 대한 답을 찾는 것이었다."(《자전》, p.114)

그는 블로일러에게 사사했을 뿐 아니라 1902년에는 프랑스의 위대한 정신의학자인 피에르 자네(Pirre Janet)에게 가르침을 받기 위

해 파리에서 몇 달 동안 머물기도 했다.

그러나 정작 융에게 가장 큰 영향을 준 사람은 지크문트 프로이트였다. 그는 1890년대에 발표된 프로이트와 브로이어(Breuer)의 히스테리에 관한 연구에 대해 잘 알고 있었으며, 1900년에 출판된 프로이트의 저서《꿈의 해석》을 읽은 바 있기도 했다. 그는 그 책을 젊은 정신과 의사들을 위한 "지혜의 샘"이라고 평했다.

1903년 융은 엠마 라우셴바흐(Emma Rauschenbach)와 결혼했다. 그리고 그녀는 1955년 세상을 떠날 때까지 융의 곁에서 도움을 아끼지 않았다.

융의 나이 서른 살 때인 1905년, 융은 취리히 대학에서 정신의학

결혼식 사진(1903년)
융이 28살, 아내 엠마가 21살 때이다.

| 취리히 대학 본부

강의를 맡게 되었고, 정신과 진료소의 선임 의사가 되었다. 또한 그는 개인적으로 개업도 했는데 얼마 후 그 일이 너무 바빠져서 대학에서는 진료를 그만두게 되었다. 그러나 1913년까지 대학에서 정신병리, 프로이트식 정신분석, 원시 미개인에 관한 심리학 강의는 계속했다.

대학에서 진료를 계속하는 동안 융은 정신질환자들의 정신 반응에 관해 연구하기 위해 연구소를 개설했다. 감정과 생리적 현상의 연관성을 연구하기 위해 그는 단어연상검사를 이용했다. 단어연상검사는 일련의 단어들을 한 번에 하나씩 피험자에게 보여주고 피험자의 머릿속에 떠오르는 최초의 단어를 대답하도록 하는 것이다. 만약 피험자가 반응하기 전에 너무 오래 망설이거나 마음의 동요를 나타내면 이는 그 단어가 융이 말하는 피험자의 콤플렉스(complex)와 깊은 연관이 있음을 의미했다. 이 콤플렉스에 관한 연구들 중 몇 가지가 미국 과학 학술지에 실리자 융은 미국에서도 유명해지게 되었다. 그 결과 1909년 융은 매사추세츠의 클라크 대학에서 단어연상검사에 관한 연구 결과에 대해 강연해줄 것을 요청받았다. 이것이 그 후 몇 번 있었던 미국 방문의 시작이었고, 융은 미국을 매우 좋아하게 되었다.

한편, 융은 프로이트의 저서가 나오는 대로 탐독하고, 자기 논문의 복사본이나 최초의 저서인 《조발성(早發性) 치매의 심리학》(1907)을 프로이트에게 보내기도 했다. 그 책에서 융은 프로이트의 견해를 지지하기도 했지만, 약간의 단서를 달기도 했는데 특히 소아기의 성적인 상처가 갖는 중요성과 관련된 부분이었다.

1907년 프로이트는 융을 비엔나로 초대했다. 두 사람은 서로에게 상당히 이끌려 무려 13시간이나 쉬지 않고 이야기를 나누었다. 이후 그런 개인적이고도 전문가적인 관계는 6년 간 지속되었다. 두 사람은 매주 편지를 교환했으며, 1909년에는 두 사람 모두 클라크 대학에서 강연을 해달라는 요청을 받아 7주 동안 함께 여행을 하기도 했다. 1912년 융은 포드햄 대학에서 정신분석학 이론에 관한 내용을 강의하기 위해 다시 미국을 방문했다. 국제정신분석협회가 창립되었을 때 융은 프로이트의 주장에 따라 초대 회장이 되었다. 이 무렵 프로이트는 융에게 보낸 편지에서 그를 가리켜 "양자로 삼은 나의 장남, 황태자, 후계자"라고 했다.

여기서 20세기 심리학과 정신의학계의 거장인 두 사람이 절교하게 된 사연에 대해 논할 생각은 없다. 의심할 바 없이 이유는 복잡하고 다양했을 것이다. 다만 융은 어려서부터 항상 매우 독립적이고 자존심이 강했기 때문에 누군가의 제자, 장남 혹은 '황태자'가 되었다고 기뻐할 만한 사람은 아니었다, 라는 말 정도면 충분할 것이다. 융은 자신의 독자적인 사고 흐름에 따라 살기를 원했고, 프로이트와의 우정이 깨어질 것을 알고 있었으면서도《변형의 상징》이라는 책을 쓰는 것으로 자신의 생각을 실천했다. 사실 몇 달 동안 융은 마음이 산란하여 그 책의 마지막 장을 마무리할 수 없었다. 그 마지막 장의 제목은 '희생'이었다. 그 작업은 말 그대로 희생이었다.

프로이트 및 정신분석과의 연계가 끊어진 후 융은 혼란과 내적인 불안정 상태에 있었다고 스스로 밝혔다. 그는 대학에서의 강의를 그만두겠다고 통보했다. 자신의 지적인 상황이 방향을 잃고 있는 가운데 학생들을 가르친다는 것은 합당치 못하다고 느꼈기 때문이다. 그 후 연구와 읽고 쓰는 일이 중단된 '휴경기'가 계속되었다. 이 기간 동안 그는 꿈과 환상의 분석을 통해 자신의 무의식을 탐구하는 데 열중했다.

3년 동안의 휴식기가 끝난 후 융은 다시 지적으로 활동이 왕성해져서 자신의 가장 훌륭한 저서 가운데 하나인《심리학적 유형》을 저술했다. 1921년에 출판된 이 책에서 융은 프로이트 및 프로이트와 결별한 또 다른 정신분석가인 알프레드 아들러(Alfred Adler)와 자신의 견해 차이에 대해서 기술했을 뿐 아니라, 그 유명한 외향성과 내향성, 사고와 감정의 구별을 포함한 성격 유형의 분류법을 서술했다.

이 무렵 그는 자신의 집에서 학생들과 정기적인 모임을 갖는 한편, 널리 여행을 하기 시작했다. 그는 튀니지와 사하라 사막으로 갔다. 그는 항상 미개인의 정신 세계에 관심을 가지고 있었는데 마침내 그들을 실제로 관찰할 수 있게 되었다. 원주민들과 언어적인 의사소통은 불가능했지만 융은 그들의 몸짓, 습성, 얼굴 표정, 감정 반응 등을 살펴보았다. 융은 이 최초의 아프리카 여행에서 마음이 무척 풍요로워지고 깨달은 것이 많았다고 느꼈다. 그 다음 아프리카 여행 전에는 스와힐리어를 공부하기도 했다. 그리고 탐험대에

끝없이 펼쳐지는 사하라 사막
사하라 사막은 융의 마음을 사로잡았고 시간 의식에 기묘한 변화를 갖게 했다.

가담하여 아프리카 깊숙이까지 들어갔다가 이집트를 거쳐 돌아오기도 했다. 이 여행에서 융은 더욱 많은 것을 배웠다. 이 여행 덕분에 미개인의 정신 세계와 집단 무의식(collective unconscious)에 좀 더 접근할 수 있었기 때문이었다. 이 여행에서의 기억들은 융의 마음속에서 내내 사라지지 않고 있다가 그의 저술에서 되풀이해서 사용되었다.

융은 푸에블로 인디언들의 종교적 신앙에 대해 공부하기 위해 뉴멕시코로도 여행을 했다. 그들은 종교적 신앙을 철저하게 숨기고 있었다. 직접 물어보아도 성과가 없자 융은 간접적인 방법을 사용하기로 했다. 그는 여러 가지 주제에 대해 이야기를 하고 그들의 감정 반응을 유심히 살폈다. 그들의 얼굴에서 정서적인 반응이 나타나면 융의 이야기가 의미 깊은 주제와 연관되어 있음을 알 수 있었다. 이것은 단어연상법의 응용이었다.

융은 내내 동양의 종교와 신화에 대해 흥미를 갖고 있었는데, 인도와 스리랑카를 여행하면서 그 흥미는 더욱 강화되었고 지식도 풍부해졌다. 그는 관습, 종교적 신념과 예식, 신화 등을 통해 표현되는 동양인과 서양인의 대조적인 성격 차이를 다룬 책을 저술했다. 여기서 그는 동양인의 성격은 전형적인 내향성인 반면 서양인은 다분히 외향성이라고 지적했다.

중국 문화에 대한 권위자인 리하르트 빌헬름(Richard Wilhelm)과의 친분으로 융은 점복술(占卜術)을 체계적으로 정리한 《역경》을 접하게 되었다. 빌헬름은 또한 융에게 연금술에 대해서도 소개해주었

는데, 융은 오랫동안 이 문제에 전념하여 남들은 잘 모르는 이 분야에서도 권위자가 되었다. 그 결과 1944년에 출판된 《심리학과 연금술》은 그의 중요한 저서 가운데 하나가 되었다.

융은 연금술, 점성술, 예언, 텔레파시, 투시, 요가, 강신술, 영매, 강령술, 점, 비행접시(UFO, 미확인 비행 물체), 종교적 상징, 환상, 꿈 등 과학적인 관점에서 보았을 때 다소 의심스러운 분야에 대하여 흥미를 가지고 있다는 비판을 자주 받았다.

이런 비판은 합당치 못한 것으로 여겨진다. 융은 이런 주제들에 대해 제자나 '신도'로서가 아니라 심리학자로서 접근했다. 그가 가진 의문의 핵심은 이런 주제들이 마음속에서, 특히 융이 언급한 집단 무의식이라는 수준에서 무엇을 나타내는가 하는 것이었다.

융은 부르크횔츨리의 환자들 대부분이 나타냈던 증상인 말 많음, 환각 증상, 환상 등을 통해 일찍부터 무의식이란 것이 증상으로 나타난다는 것을 알고 있었다. 좀 더 나중엔 정상인의 경우, 무의식은 신비한 현상, 종교적인 상징, 신화, 점성술, 꿈 등으로 나타난다는 것을 알게 되었다.

그래서 비록 과학적인 관점에서는 비정상적인 것으로 보일지라도, 무의식을 배우기 위해서 융은 그 어떤 것이든 자료로 이용했다.

다른 점에서도 그러했지만 이 점에서도 융은 인습이나 전통에 얽매이지 않았다. 그럼에도 그는 이런 주제들을 다루면서 과학자로서의 태도를 버리지는 않았다.

융은 자서전에서 아내, 네 명의 딸과 아들 등 가정생활에 대해서는 거의 언급하고 있지 않다. 최근에 많이 나오는 자서전들과는 달리 그는 자신의 성적인 느낌이나 행동 등에 대해 일절 언급하지 않는다. 그는 꿈, 공상, 신비한 경험 등 기묘한 내면생활의 균형을 위해서도 정상적인 가정을 유지하는 것이 필수적이라고만 말하고 있다. "가정과 전문가로서의 일은 언제나 내가 돌아갈 수 있는 터전이었으며, 내가 현실적으로 존재하는 정상인임을 보증해주었다."(《자

융 부부와 자녀들(1917년)
왼쪽부터 장남 프란츠, 장녀 아가테, 셋째 딸 마리안네, 둘째 딸 그레이트.

전》, p.189) 융은 아름다운 호수를 눈앞에 둔 쿠스나흐트의 집에서 많은 환자들을 보았다. 그들 중 많은 사람이 전 세계에서 찾아온 저명인사들이었다.

1922년 융은 취리히 호숫가에 있는 볼링겐 마을의 땅을 사서 여름 별장을 지었다. 첫 번째 집은 원형으로 지었는데, 이것은 아프리카 원주민의 집과 비슷했다. 방 한가운데 화로가 있고 벽을 따라 간이침대를 놓았다. 그런 배치가 너무 원시적이라고 생각한 그는 여기에 보통의 이층집을 잇대어 지었다. 이후 원형 집은 융의 개인적인 용도로만 쓰였다. 융의 가족은 기회가 있을 때마다 볼링겐에서 휴식을 즐겼다. 보트도 타고, 정원도 가꾸며, 그들은 이곳에서 자연

│ 융이 볼링겐 호숫가에 탑처럼 쌓은 여름 별장
│ 융은 석공과 벽돌 쌓는 기술을 배워 직접 지휘하여 이 집을 지었다.

의 아름다움을 즐길 수 있었다. 태어나면서부터 융이 살아온 곳이 모두 강가나 호숫가였다는 사실은 특기할 만한 일이다.

1944년 초 융은 다리를 다쳤고, 곧 이어 심장발작을 일으켰다. 회복된 후에는 저술 활동에 열중했다. 그 시기에 많은 글을 쓸 수 있었던 것은 몸이 회복되는 동안 많은 환상과 꿈, 섬망 등을 경험했기 때문이라고 융은 말하고 있다. 침대에 누워 있는 몇 달 동안 융은 자신의 생각과 개념을 정리할 수 있는 시간을 얻었던 것이다.

1955년 아내가 죽은 후, 융이 볼링겐 별장으로 여행하는 횟수는 점차 줄었다. 융은 정원사와 가정부를 두었지만 그의 딸들은 번갈아가면서 쿠스나흐트에서 융과 함께 지내며 친구가 되어주었다. 융에게 헌신적이었던 비서 아니엘라 야페 역시 매일 융이 전 세계에 흩어져 있는 여러 명의 사람들과 왕성한 편지 왕래를 할 수 있도록 도왔다. 야페는 융에게 없어서는 안 될 존재였으며, 1961년 6월 6일 융이 죽는 날까지 그의 곁을 지켰다.

융처럼 지적 능력이 뛰어난 사람에게는 당연한 일이겠지만 그는 많은 영예와 찬사를 받았다. 하버드와 옥스퍼드를 포함한 몇몇 대학에서는 명예박사 학위를 받았다. 그는 시간에 인색하지 않아 각종 인터뷰에 응하고, 카메라 앞에 서고, 텔레비전에 출연하고, 강연을 하고, 일반인들을 위한 글과 편지 답장을 쓰기도 했다. 뿐만 아니라 전 세계에서 찾아오는 손님들을 맞이했다. 그는 고등학생부터 저명인사까지 누구에게나 거드름을 피우지 않고 꾸밈없이 자연스럽게 이야기했다. 이처럼 그는 신사인 척하거나 잘난 척하는 면이

융과 아니엘라 야폐
융의 만년까지 비서로 있었던 야폐는 《융 자서전》, 《C. G. 융: 이미지와 말(단어)》 등의 편집자로도
알려져 있다.

전혀 없는 매우 평등한 사람이었다.

1961년 그가 세상을 떠난 이후 그의 영향력은 더욱 커져갔다. 오늘날에는 어느 때보다 많은 사람이 그의 저서를 읽고 있다. 19권으로 된 그의 전집은 이제 영어로 모두 번역이 되어 있으며 그의 저서 대부분은 값싼 보급판으로 나와 있다. 그럼에도 아직 이렇다 할 융의 전기는 출판되어 있지 않다.

융의 정신의학적 치료에 관한 개념과 방법은 전 세계 여러 곳에 흩어져 있는 교육 기관에서 전파되고 있다. 분석심리학의 메카는 여전히 취리히이다. 그곳에는 1948년에 설립된 칼 구스타프 융 연구소가 자리하고 있어서 세계 곳곳에서 모여든 학생들이 훌륭한 교수들 밑에서 공부하고 있다. 융의 후계자로 간주되는 마이어(C. A. Meier)는 유명한 취리히 대학 공학부 교수로 자신의 진료실과 실험실을 갖고 있다. 그곳에는 국제분석심리학회뿐 아니라 지역 학회도 다수 있어서 분석심리학을 널리 알리고 있다. 융 학파의 심리학 이론은 프로이트 학파의 이론만큼 대학에서 널리 채택되지는 않았지만 근래 여러 미국 대학의 심리학자들은 융에게 각별한 관심을 기울이고 있다. 많은 대학생들이 분명히 융에게 관심을 가지고 있으며 그의 저서들이 널리 읽히고 있는 것은 분명하다.

　융 자신은 자신의 개념들을 포괄적으로 체계화하는 것을 별로 좋아하지 않았다. 그는 오래된 이론들을 무작정 수용하기보다는 새로운 관점들을 모으고, 그 결과 새로운 통찰력을 갖게 되기를 희망했다. 몇 번씩 강조되었지만, 그가 진정으로 원했던 것은 '사실'을 알아내고 이해하는 것이었다. 이론은 어디까지나 잠정적인 추측이나 단상(斷想)일 뿐이었고, 이론이 현실의 확고한 사실들과 모순될 경우 사라져야 한다는 것이었다.

　다음 여러 장(章)을 읽어나가는 동안, 독자 여러분이 마음에 새겨둘 것이 있다. 이곳에 서술되어 있는 여러 개념은 바로 친밀하고 진실한 치료 상황에서 비롯된 많은 사람의 실제 행동을 관찰해서 얻어낸 사실이라는 점이다. 상담실에서 이루어진 관찰 외에도 융이 여러 번의 여행을 통해 체득한 것과 신화, 종교, 연금술, 사회 현상, 초자연적인 현상 등에 관한 방대한 지식도 이용되었다. 결코 간과해서는 안 될 한 가지는 그의 일생을 통해 이루어진 자기 분석이다.

우리는 융이 어린 시절부터 얼마나 내성적인 사람이었던가를 보아왔다.

독자들이 유념해주기 바라는 또 다른 한 가지가 있다. 과학적인 개념들은 많은 구체적 관찰을 토대로 발췌된 실체를 일반화한 것이다. 그것은 모든 사람이 공통적으로 나타내는 성격이나 행동의 한 측면에 주의를 집중하기 위해서는 유용하다. 그러나 이와 같은 각각의 요약된 개념들이 개인의 특정 성격이나 행동에서는 어떻게 작용하는지를 알아내는 것이 융의 근본적인 관심사였다.

그는 추상적인 개념화, 법칙화, 과학적 이론화가 필요하다는 것을 알고 있었지만, 그보다는 상담실에서 자신의 앞에 앉아 있는 각 개개인의 풍부하고 곤혹스러운 복잡성에 항상 마음이 끌렸다. 융은 잘 훈련된 과학자였으나 또한 휴머니스트이기도 했다. 인간에 대한 그의 관심과 배려가 과학자로서의 역할에 종속되지는 않았다. 그것이 모든 계층의 사람들이 융에게 끌리는 이유 가운데 하나이다.

3 융은 어떤 사람이었는가?

융은 어떤 부류의 사람이었는가? 신체적인 면을 말한다면 키가 크고 어깨가 넓으며 건장했다. 그는 등산가였고 능숙한 선원이었다. 정원을 가꾸고, 장작을 패고, 돌 조각을 했으며, 집을 짓기도 하는 등 자기 손으로 뭔가 하는 것을 즐겼다. 스포츠도 즐겼고, 식욕도 왕성했으며, 와인을 마시고, 시가와 파이프 담배를 피웠다. 그는 활동적이고 원기왕성하며 건강한 사나이였다.

융과 개인적으로 접한 사람이라면 누구나 그의 명랑한 태도와 반짝이는 눈, 마음을 끄는 애정 어린 눈빛, 멋진 유머 감각에 대해 이야기했다. 그는 재미있는 이야기꾼인 동시에 남의 말에도 귀를 잘 기울이는 사람이었고 서둘러 결론을 내리려 하거나 편견에 사로잡힌 사람은 아니었다. 관점의 차이가 있어도 잘 참고 들어줄 줄 알았고, 질문에 대해서도 여유롭게 대처했으며, 간단 명료하게 말할 줄 알았다. 미국인과 이야기할 때는 미국 속어를 사용할 정도로 그 고장 사람들의 말투를 사용하기를 좋아했다. 사람들은 그와 함께 있는 것을 좋아했다.

스키장에서 겨울 휴가를 즐기는 융과 엠마(1920년대)
엠마는 일생 동안 융에게 없어서는 안 될 반려자였으며, 융을 정신적으로 지탱해주었다.

융은 어떤 사람이었는가? 그는 의사가 되기 위해 교육을 받았지만 일반적인 의료에 종사한 적은 없었다. 그 대신 그는 정신과 의사가 되어 처음에는 정신과 병원과 진료소에서 일했다.

그 다음엔 개업의로 활동을 했고, 대학교수이기도 했다. 수년 동안 프로이트 학파의 정신분석 이론에 동조했으나, 프로이트와 결별한 후 독자적인 정신분석 이론을 발전시켰다. 처음엔 그것을 콤플렉스 심리학(complex psychology)이라 불렀고 나중엔 분석심리학이라 명명했다. 이 체계는 일련의 개념들과 이론적인 공식뿐 아니라 심리적인 문제가 있는 사람들을 치료하는 방법도 포함하고 있었다.

융은 전문가적 활동 현장을 자신의 상담실로만 국한하지 않았다. 그는 자신의 생각들을 사회 문제, 종교 문제, 현대 미술의 여러 경향 등 다방면에 적용해 비판적으로 분석했다. 그는 인상적일 만큼 박식한 학자였고 영어, 프랑스어, 라틴어와 희랍어 책을 모국어인 독일어 책만큼 막히지 않고 읽을 수 있었다. 또한 그는 위대한 저술가여서 1932년 취리히 시에서 저술가 상을 받기도 했다. 그는 충실한 남편이었고 아버지였으며 유식한 스위스 시민이었고, '자유 사상' 혹은 민주당원이기도 했다.

의사, 정신의학자, 정신분석가, 교수, 학자, 저술가, 사회 비평가, 가족의 일원 그리고 시민—융은 이 모두였다. 그러나 무엇보다도 우선 그는 빈틈없는 정신 연구가였다. 따라서 정확히 말하면 그는 심리학자였다. 그는 심리학자로 기억되기를 바랐을 것이며 앞으로도 그렇게 될 것이다.

"인간 존재의 유일한 목적은 단순한 존재의 암흑 속에서 한 가닥 등불을 밝히는 것"이라고 그는 말했다.

2장

인격의 구조

인간의 인격 구조를 완벽하게 그리기 위해서는 우선 세 가지 의문에 대한 답을 구해야 한다. 인격 구조를 형성하고 있는 구성 요소는 무엇이며, 그 구성 요소들은 상호간에 그리고 외부 세계와 어떻게 작용하고 있는가? 인격을 활성화하는 에너지의 원천은 무엇이며 그 에너지들은 여러 구성 요소 사이에서 어떻게 분배되는가? 각 개인의 일생을 통해 인격은 어떻게 발생되고 변화되는가? 이 세 가지 의문은 각각 '구조', '역동성', '발달'에 관한 것이라고 할 수 있다.

융 심리학 이론은 이 세 가지 의문에 총체적으로 답하려 하기 때문에 포괄적인 인격 이론이라고 해도 무리가 없을 것이다. 이 장에서는 융이 제기한 인격의 구조에 대한 개념을 논하려 한다.

그전에 우선 과학적 개념의 근본에 대해 몇 가지 이야기하고자 한다. 개념이란 일련의 자연 현상에 대해 관찰한 사실 및 그 관찰된 사실들을 설명하기 위한 관념, 추론 또는 가설들을 가리키는 서술적 이름 혹은 꼬리표이다. 그러니까 개념이란 일반적인 혹은 추상적인 용어이다. 예를 들면 다윈의 '진화'라는 개념은 종(種)의 기원에 관해 관찰한 내용 그리고 그것을 설명하기 위해 복잡하게 서술하는 것을 의미한다. 따라서 개념을 이해하기 위해서는 그 기반이 된 관찰 내용에 대해 어느 정도 지식을 갖추고 있어야 한다. 이 말은 개념을 논할 때는 일반적인 것들에서 시작하여 특수한 것으로 나아가야 한다는 것을 의미하며, 이는 과학자가 개념을 만들 때의 과정과는 반대이다. 우리는 융의 개념을 설명할 때 그와 같은 방식으로 할 것이다. 즉 우선 일반적인 용어들로 어떤 개념을 논하고 그 다음 그에 대한 구체적인 예를 제시하려고 한다.

가장 유용한 개념이란 널리 적용될 수 있는 것인데, 융 학파의 개념들이 그렇다. 그 개념들은 적용 범위가 상당히 넓기 때문에 적용 가능한 예나 파생 형태 전부를 논하기 어려울 수도 있다. 독자들은 모쪼록 우리가 제시하는 예 이외의 표현 형식들에 대해서도 생각해주기 바란다. 자신의 인격과 자신이 알고 있는 사람들의 행동에서 그 개념들이 어떻게 표현되고 있는가를 알게 된다면 인격과 개성에 관한 지식은 크게 신장될 것이다.

융도 깨닫고 있었듯이 개념에는 함정이 있다. 개념은 우리의 관찰에 편견을 갖게 하고, 한계를 정함으로써 실재하지 않는 것을 실재하는 것으로, 또는 실재하는 것을 실재하지 않는 것으로 알게 만들 수 있다. 때문에 융은 누군가의 개념에 지나치게 얽매이는 것을 경고하고, 이론보다 관찰 가능한 사실이 우선한다고 주장한다.

1 정신

융 학파의 이론에서는 전체로서의 인격을 정신(psyche)이라고 부른다. 라틴어인 이 말은 원래 '영(spirit)' 또는 '혼(soul)'을 의미했으나, 현대에서는 마음의 과학을 심리학이라고 말하는 것처럼 '마음(mind)'을 의미하게 되었다. 정신은 의식적, 무의식적인 모든 사고, 느낌, 행동 등 의식과 무의식 전체를 포괄한다. 정신은 개인이 그가 속한 사회적·물리적 환경에 대해 자신을 조절하고 적응하도록 지침 역할을 한다. "심리학은 다만 정신에 대한 지식일 뿐이다. 생물학이나 생리학이 아니고, 다른 어떤 종류의 과학도 아니다." (*Collected Works*, Vol.9i, p.30)

정신에 대한 이러한 개념은, 인간은 본래부터 하나의 전체라는 융의 기본적인 사상을 뒷받침하고 있다. 인간은 부분들이 모여 이루어진 개체가 아니다. 즉 한 조각 한 조각씩 잇대어서 집을 만드는 것처럼 경험이나 학습을 통해 얻어진 조각들이 모여 인간을 이루는 것은 아니라는 말이다. 많은 심리학 이론들이 인간의 인격은 부분적으로 획득되다가 나중에 가서야 비로소 어떤 일관된 조직적 통일성을 나타낸다고 언급하거나 암시하지 않았다면, 인격이 처음부터 하나의 전체라는 이 개념은 너무 명백해서 진부한 것이 되었을지도 모른다. 그러나 융은 그런 끼워 맞추기식 인격 이론을 단호히 배격한다.

인간은 전체성을 추구하기 위해 노력하지 않는다. 인간은 태어날 때부터 이미 하나의 전체로 태어나며, 따라서 이미 전체성을 가지고 있기 때문이다. 인간이 일생을 통해 해야 할 일은 이 타고난 전체성을 가능한 한 최고도로 분화시키고, 일관성과 조화가 이루어지도록 발전시키는 것이며, 그것이 제각각 흩어져 제멋대로 움직이거나 갈등 구조를 만들지 않도록 하는 것이라고 융은 말하고 있다. 해리(解離)된 인격은 왜곡된 인격이다. 정신분석가로서 융이 하는 일은 환자가 잃어버린 전체성을 되찾고 정신을 강화하도록 도와 장래의 분열에 저항할 수 있도록 하는 것이었다. 따라서 융에게 있어 정신분석의 궁극적 목표는 종합 심리요법이다.

정신은 수없이 다양한 것들로 이루어지지만 상호작용을 할 수 있는 체계와 수준을 갖추고 있다. 정신은 '의식(consciousness)', '개인 무의식', '집단 무의식'이라는 세 가지 수준으로 구분될 수 있다.

2 의식

의식은 각 개인이 직접적으로 알 수 있는 정신의 유일한 부분이다. 의식은 매우 일찍, 아마도 출생 이전부터 나타나는 것 같다. 유아를 관찰해보면 그들이 부모나 장난감 또는 주변 대상들을 인지하고 구분할 때 의식적으로 주의하고 있다는 것을 알 수 있다. 유아의 의식적 주의는 융이 사고(생각), 감정, 감각, 직관이라고 부르는 네 가지 정신 기능을 통해서 나날이 성장해간다. 아이들이 이 네 가지 기능 모두를 같은 정도로 사용하는 것은 아니다. 일반적으로 어떤 기능이 다른 나머지 기능들보다 월등하게 많이 사용된다. 이 네 가지 기능들 중 어떤 기능을 우선적으로 사용하는가에 따라 그 아이의 기본적인 특성이 만들어지고 다른 아이와 차이도 생기게 된다. 예를 들어, '사고'를 주로 사용하는 유형의 아이가 있다면 그 아이의 성격적 특성은 '감정'을 주로 사용하는 유형의 아이와는 확연히 다를 것이다.

네 가지 정신 기능 외에도 의식의 방향을 결정하는 두 가지 태도가 더 있다. 바로 '외향성'과 '내향성'이다. 외향적인 태도는 의식을 외부 및 객관적인 세계로 향하게 하고, 내향적인 경우는 내부 및 주관적인 세계로 향하게 한다.(그 기능과 태도에 대해선 제5장 참조)

개인의 의식이 타인과 구분되거나 개별화되는 과정을 개성화라고 한다. 개성화는 심리적 발달에서 중요한 역할을 한다.(제4장 참조) 융은 "개성화라는 용어는 한 사람이 심리적인 '개인(in-dividual)', 즉 더는 분할이 불가능한 개별체 혹은 '전체'가 되는 과정을 나타내기 위하여 사용하고 있다"(Vol.9i, p.275)라고 말한다.

개성화의 목표는 가능한 한 자신 혹은 자기-의식에 대해 완벽하게 아는 것이다. 현대적인 용어로는 그것을 '의식을 확대하는 것'이라고 할 수 있을 것이다. "결국 결정적인 요소는 언제나 의식이다." (《자전》, p.187) 인격의 발달 과정에서 개성화와 의식은 항상 보조를 같이한다. 의식화의 시작이 곧 개성화의 시작이다. 의식의 증가에 따라 개성화도 완성되어간다. 자기 자신과 주변 세계에 대한 자각이 없는 사람에게서는 개성화가 충분히 이루어질 수 없다. 의식의 개성화 과정을 통하여 새로운 요소가 생겨난다. 융은 그것을 '자아(ego)'라고 불렀다.

A. 자아

자아란, 융이 자각하고 있는 정신의 구조를 말하기 위하여 사용한 용어이다. 자아는 사각하고 있는 지각(知覺), 기억, 생각, 감정으로 구성되어 있다. 전체적인 정신에서 자아가 차지하고 있는 부분은 적지만 굉장히 중요한 기능을 하는데, 바로 의식에 대한 수문장(守門將)으로서의 역할이다. 생각, 감정, 기억, 혹은 지각 결과가 자아에 의해 존재를 인정받지 못하면 그것들은 자각될 수 없다. 자아는 고도로 선택적이다. 자아는 증류 장치와 비슷하다. 많은 정신적 재료들이 투입되지만 거기서 완전한 자각의 수준까지 도달되는 것은 매우 적다. 우리는 날마다 많은 경험을 한다. 그러나 그 경험들이 의식의 수준까지 도달되기 전에 자아가 많은 부분을 제거해버리기 때문에 실제로 자각되는 것은 별로 없게 된다. 이것은 매우 중요한 메커니즘이다. 만약 모든 것이 전부 다 자각된다면 의식이 그 방대한 양의 자료들에 압도당해 예상치 못한 사태가 발생할 것이다.

자아는 인격의 동일성과 지속성을 규정한다. 자아는 정신 재료들을 취사선택함으로써 개인 인격의 일관성이 유지될 수 있도록 만든다. 오늘의 자기가 어제의 자기와 동일하다고 느끼는 것은 자아 덕분이다. 이런 의미에서 개성화와 자아는 독특하면서도 늘 지속되는 인격으로 발전시키기 위해 서로 긴밀한 관계를 유지한다. 인간은 자아가 유입된 경험을 의식하도록 허용하는 범위 안에서만 개성화를 달성할 수 있다.

자아가 의식화를 허용하고 허용하지 않는 것은 무엇에 의해 결정될까? 일부는 자아를 우세하게 지배하는 기능에 의해 결정된다. 감정을 우세하게 사용하는 사람일 경우 자아는 감정적인 경험들에 대해 좀 더 의식화되는 것을 허용할 것이다. 사고(생각) 유형이라면 생각들이 감정적인 것보다 좀 더 쉽게 의식화될 것이다. 또 다른 일부는 자아가 기억하고 있는 불안의 정도에 의해 이루어진다. 불안을 일으켰던 기억이나 생각들은 의식화되기 어렵다. 부분적으로는 각 개인이 얼마나 개성화가 달성되어 있는가에 의해 달라진다. 고도로 개성화된 사람의 자아는 좀 더 많은 경험들이 의식화되는 것을 허용할 것이다. 그리고 또 다른 부분은 경험의 강도이다. 강도가 약한 경험은 자아의 문에서 쉽사리 쫓겨나지만 강도가 매우 강한 경험은 그 문을 돌파할 수 있다.

3 개인 무의식

자아에 의해 인식되지 못한 경험들은 어떻게 될까? 일단 경험된 것들은 소멸되지 않기 때문에 정신에서 사라지지는 않는다. 그 대신 융이 "개인 무의식(personal unconscious)"이라고 불렸던 곳에 저장된다. 정신의 이 수준은 자아에 인접해 있다. 개인 무의식은 의식적인 개성화나 기능에 비판적인 모든 정신 활동과 내용을 받아들이는 저장소이다. 또는 괴로운 생각, 해결되지 않는 문제, 개인적인 갈등, 도덕적인 문제 등과 같이 일단은 의식적 경험이었으나 여러 이유로 억압되거나 방치되고 있는 것들도 포함한다. 또는 경험할 당시 신빙성이 없거나 별로 중요하지 않은 것으로 판단되어 간단하게 잊히는 것들도 포함되어 있다. 너무 약하기 때문에 의식에 도달하지 못하거나 의식 속에 머물러 있지 못하는 모든 경험도 개인 무의식에 저장된다. 개인 무의식의 내용은 필요할 때는 언제나 쉽게 의식화될 수 있다.

자아와 개인 무의식 사이의 두 가지 교통 방식을 명확히 보여주는 몇 가지 예를 들어보자. 우리는 많은 친구와 친지의 이름을 알고 있다. 당연히 우리는 그 모든 이름을 항상 의식에 담아두지는 않는다. 그러나 필요한 경우 언제든지 기억해낼 수 있다. 그 이름들이 의식 속에 있지 않았다면 도대체 어디에 있었던 걸까? 그것들은 개인 무의식 속에 있다. 개인 무의식은 정교한 자료 정리 체계나 기억 은행과 같다.

또 한 가지 예를 보자. 우리는 경험할 당시에는 아무런 흥미도 느끼지 못하는 것을 배우거나 관찰하는 경우가 있다. 그러나 몇 년 후 그 경험에 대한 기억이 매우 필요한 상황이 되면 개인 무의식에서 그 경험을 불러낼 수 있다. 또한 낮에는 주목하지 않았던 경험이 밤에 꿈으로 나타나는 경우도 있다. 실제로 개인 무의식은 꿈의 형성에 중요한 역할을 한다.

A. 콤플렉스

개인 무의식의 흥미롭고도 중요한 특징 한 가지는 그 내용물들 중 몇 가지가 모여 하나의 집단을 형성하기도 한다는 것이다. 융은 그것을 '콤플렉스'라고 불렀다. 융이 어렴풋이나마 콤플렉스의 존재에 대해 처음으로 알게 된 것은 단어연상검사를 이용해서 실험을 하고 있을 때였다. 앞 장에서 이 검사에 대해 설명했지만 다시 한번 말하면, 일련의 단어를 한 번에 하나씩 읽고 나서 피험자가 마음에 떠오르는 최초의 단어를 대답하는 것이다.

융은 이 실험을 하던 중 피험자가 반응하는 데 긴 시간이 걸릴 때가 종종 있다는 것을 알게 되었다. 어째서 반응에 그렇게 긴 시간이 걸렸느냐는 융의 질문에 피험자는 무엇 때문인지를 설명하지 못했다. 융은 무의식적 정서가 반응을 방해했기 때문에 반응이 지연된다고 생각했다. 이 문제를 좀 더 탐구해가면서 그는 더디게 반응을 보인 단어와 관계가 있는 다른 단어에도 반응하는 시간이 길다는 것을 알게 되었다. 그래서 융은 무의식 속에 연합된 감정, 사고, 기억의 그룹(콤플렉스)이 분명히 존재한다는 것을 이해하게 되었고 따라서 이 콤플렉스와 관련이 있는 다른 단어에도 반응이 길어질 것이라고 추측했다. 콤플렉스에 대한 연구가 진행되면서 융은 콤플렉스는 전체 인격에서 분리된 작은 인격과 같이 작용한다는 것을 알게 되었다. 그것은 독립적이고, 그 자체로 추진력을 지니고 있으며, 우리의 생각과 행동을 조절하는 매우 강한 힘을 가지고 있다.

콤플렉스라는 말이 우리의 일상용어가 된 것은 융 때문이다. 우리는 누군가가 열등 콤플렉스를 가지고 있다고 말하기도 하고, 섹스, 돈, '젊은 세대' 등 거의 모든 것에 콤플렉스라는 말을 붙여 말하기도 한다. 누구나 프로이트가 기술한 오이디푸스 콤플렉스에 대해서는 잘 알고 있을 것이다. 어떤 사람이 콤플렉스를 가지고 있다는 말은 그의 마음이 무엇인가에 사로잡혀 있어서 다른 것은 거의 생각할 수 없다는 것을 의미한다. 현대적 어법으로 말하면 '빠져 있다'는 말이 될 것이다. 강한 콤플렉스는 자신은 잘 알아차리지 못해도 남은 쉽게 알아차릴 수 있다.

융은 '어머니 콤플렉스'를 예로 들고 있다. 강한 어머니 콤플렉스에 지배당하고 있는 사람은 어머니가 말하고 느끼는 모든 것에 극도로 민감하며, 어머니 상(像)이 항상 그 사람의 정신을 앞선다. 따라서 그는 시도 때도 없이 항상 어머니와 관련된 것을 화제로 삼으려 한다. 그는 어머니가 주인공인 소설, 영화, 사건 등을 좋아할 것이다. 어머니날, 어머니 생신 혹은 그가 어머니를 기릴 수 있는 기회는 무엇이든 손꼽아 기다린다. 어머니의 기호나 흥미를 몸에 익혀 어머니를 모방하고 어머니의 친구에게 마음이 끌린다. 또 같은 나이의 여성보다 연상의 여성을 좋아한다. 마마보이였던 어린 시절에는 물론 어른이 되어서도 어머니의 치마폭에서 떠나지 못하는 것이다.

융이 관찰한 대부분의 콤플렉스는 그의 환자들 것이었다. 그는 그들의 신경증적 상태의 깊숙한 곳에 콤플렉스가 자리하고 있음을 알았다. "인간이 콤플렉스를 가지고 있는 것이 아니라 콤플렉스가 인간을 가지고 있다"는 것이다. 분석 치료의 목표는 콤플렉스를 해소하고 그 포악한 지배 상태에서 환자를 해방시키는 것이다.

그러나 융이 발견한 것처럼 콤플렉스가 항상 개인의 적응을 방해하는 것만은 아니다. 사실 그 반대인 경우도 분명히 있다. 콤플렉스는 종종 뛰어난 업적을 쌓는 데 필수적인 영감과 욕동(drive)의 원천이 될 수도 있다. 예를 들면 아름다움에 사로잡혀 있는 예술가가 결국 걸작을 만들어내는 것과 같다. 그는 숭고한 미(美)를 실현하기 위하여 수많은 작품을 만들고 기교를 개선하며 의식을 심화시킬 것이다.

인생의 마지막 몇 해까지 예술에 바친 반 고흐를 생각해보라. 그는 뭔가에 사로잡혀 있는 사람이었고, 그래서 건강을, 결국엔 그의 목숨을 포함한 모든 것을 그림을 위해 희생했다. 융은 이 예술가의 '무자비한 창작의 열정'에 대해 이렇게 말한다. "그는 보통 사람들이 인생을 살아가면서 가치 있다고 생각하는 행복과 모든 것을 희생하도록 운명지어져 있었다."(Vol.15, pp.101~102) 이 완전을 향한 노력은 '강한' 콤플렉스 때문임에 틀림없다. '약한' 콤플렉스였다면 평범한 또는 졸렬한 작품밖에 만들어내지 못했거나 혹은 아무것도 할 수 없었을지 모른다.

콤플렉스는 어떻게 생기는 것일까? 처음엔 프로이트의 영향을 받고 있었기 때문에 융도 콤플렉스의 기원을 아동기 초기의 정신적 충격 때문이라고 믿는 쪽이었다. 예를 들어 어린아이가 갑자기 어머니에게서 떨어져 지내는 경험을 하게 되면, 어머니를 잃은 보상으로 강한 어머니 콤플렉스가 생길 수 있다는 것이다. 그러나 융은 오랫동안 이 설명에 만족하지 않았다. 그는 콤플렉스는 아동기 초기의 체험보다 인간 본성의 훨씬 깊은 그 무엇에서 생기는 것임에 틀림없다는 것을 깨달았다. 융은 이 더 깊은 무엇인가에 강한 호기심을 느꼈고, 마침내 집단 무의식이라는 정신의 또 다른 수준을 발견하게 되었다.

4 집단 무의식

융의 콤플렉스 분석은 대단히 중요한 것으로서, 그가 비교적 젊은 나이에 심리학과 정신의학계에서 주목을 받게 된 이유였다. 매사추세츠 주 클라크 대학에서 강연을 해달라는 초청을 받았을 때 그의 나이는 겨우 서른세 살이었다. 콤플렉스의 발견도 중요했지만 집단 무의식에 대한 발견은 그보다 더 중요한 것이었으며, 융이 20세기의 저명한 지식인 가운데 한 사람이 되게 했다. 그러나 한편으로는 그 때문에 융은 진위가 의심스러운 사람이 되기도 했다.

집단 무의식의 개념이 중요한 이유는 다음과 같다. 의식의 중심으로서의 자아와 억압된 정신 자료들의 저장소로서의 개인 무의식이 새로운 개념은 아니었다. 과학적 심리학은 철학과 생리학에서 분

클라크 대학에서 있었던 심리학회 때 찍은 기념사진(1909년 9월)
앞줄 오른쪽에서 세 번째가 융, 그 왼쪽이 프로이트. 이즈음 프로이트는 융을 자신의 후계자로 지목
하고 갓 설립된 국제정신분석협회 회장에 천거했으며, 융도 정신분석 운동에 적극 협력하고 있었다.

리되어 독자적인 학문으로 자리매김하고 있었다. 1860년대부터 심
리학자들은 의식을 연구해왔다. 1890년대에는 프로이트가 무의식
에 관한 연구를 시작했고, 융도 프로이트의 업적을 잘 알고 있었다.

의식과 무의식은 모두 경험에서 생기는 것으로 생각되었다. 비록
나중엔 융의 영향을 받아서인지 수정을 하긴 했지만, 프로이트는
무의식은 아동기 외상성 경험을 억압할 때 만들어진다고 했다. 아
무튼 정신이 환경에 의해 만들어진다는 엄격한 환경적 결정론에서
자유로워지게 하고, 진화와 유전이 신체적인 청사진을 만드는 것처
럼 정신의 청사진도 제공한다는 것을 보여준 사람은 융이었다. 집
단 무의식의 발견은 심리학 역사에서 획기적인 사건이었다.

정신은 그 신체적인 대응물인 뇌를 통해서 여러 가지 유전적 특성을 이어받는데, 이러한 특성이 생활 경험에 대한 당사자의 반응 방법뿐 아니라 그가 어떤 경험을 하게 될 것인지까지도 결정한다. 즉 인간의 정신은 그 전개 양상이 미리 형성되어 있다는 말이다. 따라서 개인은 자신의 어렸을 때뿐 아니라 그보다 더 중요한 인류의 태고(太古) 및 유기체의 진화가 시작된 더 먼 과거와도 연결되어 있다. 정신이 진화 과정에서 자리매김하게 한 것은 융의 탁월한 업적이었다.

집단 무의식의 특성과 내용에 대해 설명해보자. 우선 집단 무의식도 정신의 일부지만 그 존재가 개인적인 경험에 의존하고 있지 않다는 점에서 개인 무의식과는 구별된다. 개인 무의식은 일단 의식적이었던 내용들로 이루어지나 집단 무의식의 내용은 자신의 일생에서 한 번도 의식된 적이 없던 것들이다.

집단 무의식은 융이 일반적으로 '원시적 이미지'라고 부르고 있는 잠재적 이미지의 저장고이다. '원시적'이라는 말은 '최초' 또는 '본래'라는 것을 의미한다. 따라서 원시적 이미지란 맨 처음 정신이 발달하게 되었던 단계와 관련이 있다. 인간은 이런 이미지들을 과거의 조상에게서 대대로 물려받고 있다. 과거의 조상이란 인류로서의 조상뿐 아니라 인류 이전의 선행 인류 및 동물의 조상도 포함한다. 이러한 종족적 이미지들은 조상이 갖고 있던 이미지 그대로 전달되는 것은 아니며, 개인은 의식적으로 기억하지도 못한다. 그것은 조상이 경험했던 것과 마찬가지 방식으로 세계를 경험하고 세계에 반응하도록 하는 소질 혹은 잠재적 가능성으로 전달된다.

예를 들어 뱀이나 어둠에 대한 인간의 공포심을 생각해보자. 뱀이나 어둠에 대한 직접 경험을 통해서 공포심이 재확인되고, 강화되기도 하지만, 그런 직접 경험까지 하면서 뱀이나 어둠에 대한 공포를 배울 필요는 없다. 하지만 우리는 뱀이나 어둠에 대한 공포심을 이미 유전적으로 이어받고 있다. 먼 옛날부터 무수한 세대에 걸쳐 우리의 조상이 이러한 공포를 경험했기 때문이다. 그 때문에 이런 공포가 뇌리에 새겨지게 되었다.

이제부터는 집단 무의식의 기원에 관한 융의 설명에 자주 가해지는 비판에 대해 언급하고자 한다. 생물학자들 사이에서는 진화의 메커니즘에 관해 두 가지 견해가 제시되어왔다. 하나는 이전 세대의 경험에 의해 학습된 것은 미래 세대에 유전되어 새로 학습할 필요가 없다는 것이다. 습관은 본능이 된다. 이는 획득형질 이론 혹은 그 제창자의 이름을 따서 라마르크 진화설이라고 한다. 또 다른 하나는 대부분의 생물학자들이 인정하고 있는 것으로, 진화는 형질의 변화(돌연변이)에 의해 일어난다는 것이다. 개체의 환경에 대한 적응을 용이하게 하고, 생존과 생식 기회를 증가시키는 돌연변이는 세대에서 세대로 전해지는 경향이 있다. 반면 적응, 생존, 생식에 불리한 돌연변이는 사라진다.

불행하게도 융은 인기 없는 라마르크의 설명을 인용했다. 어느 세대 또는 일련의 세대에 의해 학습된 뱀이나 어둠에 대한 공포는 다음 세대로 계속해서 유전될 수 있다는 것이다. 그러나 집단 무의식 개념이 획득형질의 유전이라는 측면에서만 설명될 수 있는 것은 아님을 짚고 넘어가고 싶다. 집단 무의식은 돌연변이와 자연도태로도 설명될 수 있다. 즉 하나 또는 일련의 돌연변이의 결과, 뱀에 대한 공포의 소인이 형성될 수 있다. 원시인은 독사의 위해에 노출되어 있었으므로 뱀에 대한 공포심은 뱀에게 물리지 않도록 조심할 수 있게 했을 것이다. 이와 같이 뱀에 대한 공포와 조심성을 불러일으키는 돌연변이가 인간의 생존 기회를 증가시켰기 때문에 그 형질의 변화가 다음 세대로 전해졌을 가능성이 있다. 다시 말해 집단 무의식의 진화는 신체적 진화와 동일한 방식으로 설명될 수도 있다. 뇌는 정신의 주요 기관이므로 집단 무의식은 뇌의 진화와 직접적으로 관계된다.

필요에 의해 잠깐 다른 이야기를 했지만, 다시 집단 무의식에 대한 설명으로 돌아가기로 하자. 인간은 특정한 방법으로 생각하고 느끼고 지각하고 행동하게 하는 여러 소인을 가지고 태어난다. 이러한 소인 혹은 잠재 이미지의 발달과 표현은 '전적으로' 개인의 경험에 의존한다. 이미 말한 바와 같이 무엇인가에 대한 공포심은 그런 소인이 이미 집단 무의식 속에 있었다면 쉽게 발현될 수 있다. 때로는 그런 소인이 실제로 나타나게 하는 데 그다지 큰 자극이 필요하지 않은 경우도 있다. 즉 맨 처음 뱀을 볼 때부터, 그리고 그 뱀이 전혀 해롭지 않은 뱀이라는 것을 알면서도, 공포를 느낄 수가 있다. 반면 어떤 소인이 집단 무의식에서 의식되어 나타나기까지는 상당한 환경적 자극을 필요로 하는 경우도 있다.

집단 무의식의 내용은 개인이 출생하면서부터 개인적 행동에 따르도록 하기 위해 미리 형성된 패턴을 활동시킨다. "개인이 속할 세계의 형태는 가상적 이미지로 이미 가지고 태어난다."(Vol.7, p. 188) 이 가상적인 이미지는 자신이 속한 세계의 여러 대상과 일치됨으로써 의식적인 실재가 된다. 예를 들면 집단 무의식 속에 어머니의 가상적 이미지가 있었다고 하면, 그 이미지는 유아가 현실의 어머니를 지각하고 어머니에게 반응함에 따라 곧바로 표현될 것이다. 따라서 집단 무의식의 여러 가지 내용은 지각과 행동의 취사선택을 결정한다. 우리가 어떤 것을 쉽게 지각하고 그에 대해 특정한 방법으로 반응하는 것은 집단 무의식에 그런 소인이 있었기 때문이다.

경험이 많을수록 잠재적 이미지가 표현될 수 있는 기회는 더 많아진다. 이것이 집단 무의식의 모든 측면을 개성화(의식화)하기 위해서 왜 풍요로운 환경과 교육 그리고 학습의 기회가 필요한가에 대한 해답이다.

A. 원형

집단 무의식의 내용물들을 원형(archetype)이라고 한다. 원형이라는 용어는 다른 동류(同類)의 것들이 만들어지게 되는 근본 모델을 의미한다. 동의어는 프로토타입〔prototype : proto는 최초의, type은 형태라는 뜻〕이다.

융은 생애의 마지막 40년 동안 대부분의 시간을 원형에 대해 연구하고 그것을 기술하는 것으로 보냈다. 그가 확인하고 서술한 수

많은 원형 중에는 출생, 재생, 죽음, 권력, 마법, 영웅, 어린이, 사기꾼, 신(神), 악마, 늙은 현자(賢子), 어머니인 대지, 거인, 자연계의 대상들(나무, 태양, 달, 바람, 강, 불, 동물 들) 그리고 반지와 무기같이 인간이 만든 대상 등이 있다. 융은 "인생의 전형적인 장면들만큼이나 많은 원형들이 있다. 이러한 경험들의 무한한 반복은 우리의 정신적인 소인 속에 그것들을 새겨놓는다. 그것은 내용이 있는 이미지의 형태가 아니며, '내용이 없는 형태'로서만 존재하다가 특정 유형의 지각과 행동 가능성을 나타낼 뿐이다"(Vol.9i, p.48)라고 썼다.

원형에 대한 융의 이론을 정확히 이해하는 것은 매우 중요하다.

쿠크라투스(어린이 원형)
두건을 쓴 채 자고 있는 아동신 쿠크라투스. 사자의 수호신이다.

원형을 인생의 과거 경험에 대한 기억상(記憶像)과 같이 완전히 발달된 심상(心象)이라고 생각해서는 안 된다. 예를 들어 어머니 원형은 어떤 어머니 또는 어떤 한 여성의 사진이 아니다. 오히려 그것은 경험에 의해 현상(現像)되어야 하는 음화(陰畵)와 같은 것이다. 융은 "원시적 이미지가 의식되고 그것이 의식적 경험의 재료로 충만될 때에 비로소 그 원시적 이미지의 내용이 결정된다"(Vol.9i, p.79)고 쓰고 있다.

융이 특별히 주의를 기울였던 몇

가지 원형은 우리의 인격과 행동을 형상화하는 데 매우 중요하다. 페르소나(persona), 아니마〔anima : 남성 속의 여성적 요소〕, 아니무스〔animus : 여성 속의 남성적 요소〕, 그림자(shadow) 그리고 자기(self)가 그것들이다. 이에 대해서는 조금 후에 설명하겠다.

원형들은 집단 무의식 속에서 각각 별개의 구조물들로 존재하지만 서로 조합할 수도 있다. 예를 들면 영웅의 원형이 악마의 원형과 조합을 이루면 '무자비한 지도자' 유형의 인간이 된다. 혹은 마법의 원형과 출생의 원형이 조합되면 몇몇 원시적 미개 문화에서 볼 수 있는 '번식의 마법사'가 된다. 이 마법사들은 젊은 신부들을 위해 번식의 의식(儀式)을 집행하여 그들이 틀림없이 아기를 낳을 것이라고 보증해준다. 또한 여러 가지 원형이 여러 가지로 조합하여 상호작용을 할 수 있기 때문에 결국 개개인의 인격을 서로 다르게 만드는 하나의 요인이 된다.

원형은 보편적이다. 즉 모든 사람이 동일한 기본적 원형의 이미지들을 물려받는다. 전 세계 모든 유아에게는 어머니의 원형이 유전된다. 이 미리 형성되어 있는 어머니의 이미지는 현실의 어머니의 모습과 행동 및 아기가 어머니와 관계를 맺고 어머니를 경험하는 데 따라 명확한 이미지로 변화한다. 그러나 곧 어머니 원형을 표현하는 데 개인 간에 차이가 생긴다. 어머니와의 경험이나 어린

'무자비한 지도자' 유형의 인간 아돌프 히틀러

이의 양육법이 가족에 따라서, 아니 같은 가족이라고 하더라도 어린이에 따라 서 다르기 때문이다. 그러나 융은 종족 분화가 일어나면 각 종족의 집단 무의식에서 본질적인 차이가 나타나게 된다고 말하고 있다.

앞에서 콤플렉스를 논할 때 우리는 몇몇 가능성 있는 기원에 대해 암시했다. 원형도 그 속에 포함시켜야 한다. 사실 원형은 콤플렉스의 핵심이기 때문이다. 원형은 중심 또는 핵심으로 작용하면서, 자석처럼 그것과 관계 있는 여러 경험을 끌어모아 콤플렉스를 형성한다. 경험이 덧붙여져 충분한 힘이 생기면, 콤플렉스는 의식으로 침투할 수 있다. 원형이 의식과 행동에서 표현될 수 있는 경우는 원형이 잘 발달된 콤플렉스의 중심에 있게 될 때뿐이다.

예를 들어 신(神)의 원형에서 신 콤플렉스가 발달하는 경우를 보자. 다른 원형들처럼 이 신 원형도 처음에는 집단 무의식 속에 존재한다. 개인이 세상을 경험하게 됨에 따라, 신의 원형과 관계 있는 여러 경험이 콤플렉스를 형성하기 위해 부착된다. 새로운 재료들이 축적됨에 따라 콤플렉스는 점점 더 강해지고, 드디어 의식에서 그 힘을 발휘하기에 충분할 만큼 강해진다. 신 콤플렉스가 지배적이 되면 개인이 경험하고 행동하는 거의 모든 것이 이 신 콤플렉스의 지배를 받는다. 그는 모든 일을 선악의 기준에 따라 지각하고 판단하며, 악인에게는 지옥의 불과 천벌을, 선인에게는 영원한 낙원을 내세워 죄악의 생활을 하는 자를 비난하고 회개할 것을 요구한다. 그는 자신을 신의 예언자, 심지어 신 그 자체라고 믿고 인류에게 정의와 구원의 길을 계시할 수 있는 사람은 자신뿐이라고 생각한다. 이런 사람은 광신자 또는 정신병자로 취급받을 것이다. 콤플렉스가 그의 전인격(全人格)을 점령한 결과이다. 이러한 예는 콤플렉스가 극단적이고 무한한 힘을 발휘한 경우이다. 이 사람의 신 콤플렉스가 인격 전체를 점령하는 대신 인격의 '일부'로 그 기능을 한다면 그는 인류를 위해 큰일을 할 수도 있을 것이다.

자, 이제 모든 사람의 인격에서 중요한 역할을 하고 있는 네 가지 원형에 대해 고찰해보자.

1) 페르소나

페르소나란 말은 극중에서 특정한 역할을 하기 위해 배우가 썼던 가면을 의미한다. 인물(person)이나 인격(personality)도 같은 어원에서 유래한 것으로, 융 심리학에서도 페르소나의 원형은 단어의 의미와 같은 목적을 위해 사용된다. 페르소나에 의해 개인은 자신의 성격이 아닌 다른 성격을 연기할 수 있다. 페르소나란 개인이 대중에게 보여주는 가면 또는 겉모습이며, 여기에는 사회의 인정을 받을 수 있도록 좋은 인상을 주려는 의도가 내포되어 있다. 따라서 이것을 '순응(順應, conformity)' 원형이라고 부를 수도 있을 것이다.

모든 원형은 개인 및 종족에게 유리한 것이라야 한다. 그렇지 않다면 대물림되는 천성의 일부가 되지 못했을 것이다. 페르소나는 생존을 위해 필요하다. 페르소나에 의해 우리는 못마땅한 사람도 포용하고 친교를 맺을 수 있다. 그것은 개인적인 업적을 이루거나 특정한 이득을 주기도 한다. 동시에 그것은 사회생활과 공동생활의 기반이 된다.

예를 들어 대기업에 취직한 청년의 경우를 생각해보자. 남보다 앞서가기 위해서 그는 회사가 자신에게 어떤 역할을 기대하고 있는지 알아야 한다. 아마도 여기에는 틀림없이 몸가짐, 복장, 행실 등의 개인적인 특징은 물론 상사와의 관계도 포함되어 있을 것이다. 또 그가 어떤 정치적 견해를 가지고 있으며, 어디에 살고, 어떤 차를 타고 다니며, 아내는 어떤 사람인지, 그리고 회사 이미지를 위해 중요하다고 생각되는 여러 가지 것도 포함될 것이다. 이를 속된 말로, 패만 제대로 들어오면 돈을 따는 건 당연하다는 말로 표현할 수 있을 것이다. 물론 그는 일을 잘하고 부지런하며 책임감 있고 믿음직스러운 사람이라야 한다. 그러나 이러한 성질도 페르소나의 일부이다. 결국 회사적 이미지의 가면을 쓰지 못하는 사람은 부득이 진급에서 제외되거나 실직하게 될 것이다.

페르소나의 또 다른 이점은 그것이 주는 물질적인 보상을 더욱 만족스럽고, 더욱 자연스러운 개인생활에 이용할 수 있게 해준다는 것이다. 하루 여덟 시간 회사의 가면을 쓰고 있던 회사원은 직장에서 나오는 순간 그 가면을 벗어버리고, 좀 더 자신에게 더욱 충실한 활동을 할 수 있다. 이와 관련하여 저명한 작가인 프란츠 카프카가 떠오른다. 그는 낮에는 상해 보험국에서 열성적으로 일하고 밤에는 저술과 문화 활동에 주력했다. 그는 직장이 싫다고 자주 말하고 있었으나 그의 상사는 그가 빈틈없이 일을 잘하는 것만을 보고 그의 심중을 전혀 눈치 채지 못하고 있었다. 많은 사람들이 한편으로는 페르소나의 지배를 받고, 또 한편으로는 다른 정신적 욕구들을 충족시키기 위해 애쓰는 이중생활을 한다.

하나 이상의 가면을 가지고 있는 사람도 있다. 그는 가정에서는 직장에서 쓰는 것과 다른 가면을 쓰고 있을지 모른다. 골프장에 가거나 친구들과 포커를 할 때는 또 다른 가면을

《변신》, 《성(城)》 등을 쓴 유대계 독일 작가 카프카(1883~1924년)
소외와 이중의식은 카프카 작품의 주제를 이루는 뿌리였다.

쓸지도 모른다. 이러한 그의 모든 가면을 하나로 합친 것이 그의 페르소나이다. 단지 그는 다른 상황에서 다른 방식으로 순응하고 있었을 뿐이다. 물론 순응이 사회생활의 중요한 요인이라는 점은 이전부터 항상 인정되어온 사실이지만 그것이 타고난 원형의 표현이라고 제안한 사람은 융이 최초였다.

인격에 있어서 페르소나의 역할은 유익한 만큼 유해할 수도 있다. 어떤 사람이 자기가 맡고 있는 역할에 너무 빠져들어 그의 자아가 그 역할에만 동일화하기 시작하면 그 사람 인격의 다른 측면은 밀려날 것이다. 이와 같이 페르소나에 압도된 사람은 지나치게 발달된 페르소나와 미처 발달되지 못한 인격의 또 다른 부분이 갈등을 일으키기 때문에 자신의 본성에서 멀어져 긴장 속에서 살게 된다. 자아가 페르소나와 동일화되는 것을 팽창이라고 한다. 한편 이

런 사람은 자신이 대단히 역할을 잘한다는 생각에서 지나친 자존심을 갖게 되기도 한다. 따라서 때때로 자신의 역할을 다른 사람들에게 투사(投射)하여 그들도 같은 역할을 하도록 요구한다. 그런 사람이 높은 지위에 있으면 자신의 지배 하에 있는 사람들의 생활을 끔찍하게 만든다. 자신의 페르소나를 자식에게 투사하는 부모도 있는데 그 결말은 불행하다. 개인의 행위와 관련된 풍습이나 법률은 집단 페르소나의 표현이다. 이런 것들은 개인의 욕구를 무시하고 획일적인 행동 기준을 집단 전체에 강요한다. 정신적·건강적 측면에서 무조건적인 페르소나의 팽창은 위험하기 짝이 없다.

한편 페르소나의 팽창에 의한 희생자는 자신에게 기대했던 만큼의 삶을 영위하지 못할 경우 열등감이나 자책감을 느끼게 된다. 그 결과 그는 사회에서 따돌림을 받고 있다고 생각하고, 고독감과 소외감을 경험하게 된다.

융은 자신이 본 환자들 대부분이 팽창된 페르소나의 희생자들이었기 때문에 그 영향에 대해서 연구할 기회가 많았다. 그 희생자들 중에는 간혹 큰 업적을 쌓은 사람들도 있었지만, 그들은 갑작스레 인생이 공허하고 무의미하다고 느꼈다. 분석을 통해 그들은 지금까지 오랫동안 스스로를 기만하고, 자신들의 기분이나 관심에 대해 위선적이었으며, 사실은 아무 흥미도 없는 일에 흥미가 있는 것처럼 행동했다는 것을 깨닫기 시작했다. 종종 중년이 되어서야 팽창된 페르소나로 인한 위기를 경험하는 경우도 있었다. 물론 이때의 치료 목표는 자명하다. 페르소나를 수축시켜 본성의 다른 측면에 표현 기회를 제공해주는 것이다. 하지만 여러 해에 걸쳐 페르소나와 동일화되어온 사람에게 이는 어려운 일이다.

팽창된 페르소나에 관한 이런 논의는, 정신건강을 위해서는 무의식적 위선자이기보다는 의식적 위선자가 되는 편이 나으며, 자신을 기만하기보다는 타인을 기만하는 편이 낫다는 것을 암시하고 있다. 이상적으로는 어떤 종류의 기만이나 위선이 있어서도 안 된다. 그러나 좋든 나쁘든 간에 페르소나는 인간 존재에 대한 하나의 사실이며 어떤 형태로든 표현되어야만 한다. 따라서 적절한 형태로 표현되는 것이 가장 바람직하다.

2) 아니마와 아니무스

융은 페르소나를 정신의 '외면(外面)'이라고 불렀다. 페르소나가 세상을 향한 얼굴이기 때문이다. 그리고 그는 정신의 '내면(內面)'에 대해 남자의 경우는 '아니마', 여자의 경우는 '아니무스'라고 불렀다. 아니마 원형은 남성 정신의 여성적 측면이고 아니무스 원형은 여성 정신의 남성적 측면이다. 남녀를 막론하고 모든 인간은 남성 호르몬과 여성 호르몬이 모두 분비된다는 생물학적 의미뿐만 아니라 태도나 감정 등의 심리학적 의미에서도 각각 이성(異性)의 성질을 갖고 있다.

남자는 여러 세대에 걸쳐서 여성과 접촉함으로써 아니마 원형을 발달시켰고, 여성 역시 남성과 접촉함으로써 아니무스 원형을 발달시켰다. 여러 세대를 걸쳐 함께 살면서 서로에게 영향을 주어, 이성에게 적절히 반응하고 이성을 이해하는 데 유용한 남녀의 여러 특징을 획득한 것이다. 따라서 아니마와 아니무스 원형은 페르소나와 마찬가지로 생존을 위해 큰 가치가 있다.

인격이 잘 적응하고 조화롭게 균형을 유지하고 있으면 남성 인격의 여성적 측면과 여성 인격의 남성적 측면이 의식 및 행동에 표현되는 것이 허용된다. 남자가 남성적 성향만을 나타내면 그의 여성적 특성은 무의식에만 머물게 되며, 따라서 그린 성향은 발달되지 못하고 원시적 상태로 머물러 있게 된다. 이는 무의식에 나약함과 민감성을 만든다. 언뜻 보기에는 상당히 남자다워 보이고 남자답게 행동하는 사나이가 내면으로는 연약하고 고분고분한 경우가 많은 것은 그 때문이다. 외면적으로는 상당히 여성적이지만 무의식에서는 흔히 남자의 외적 행동에서나 볼 수 있는 완강하고 고집 센 성질을 갖고 있는 여자도 있다.

깊은 무의식에 둘러싸인 아니마 상태를 나타내는 그림
아니마 상을 에워싸고 있는 뱀은 대모 혹은 그림자나 악으로 해석할 수 있다.

"모든 남자는 자기 속에 영원한 여성상을 갖고 있다. 그것은 특정 여성의 이미지가 아니라 명확히 여성화된 이미지다. 이 이미지는 기본적으로 무의식적이고, 남성의 살아 있는 유기 조직에 새겨져 있는 원시적 기원의 유전적 요소이다. 이는 여성에 대한 조상의 모든 경험의 흔적 또는 원형으로서, 말하자면 일찍부터 여성에 의해 만들어졌던 모든 인상(印象)의 침전물이다. (…) 이 이미지는 무의식적이므로 항상 사랑하는 사람에게 무의식적으로 투사되고, 정열적인 매력이나 혐오를 느끼게 하는 주된 원인 가운데 하나가 된다."(Vol.17, p.198)

융이 여기서 말하고자 하는 것은, 남자는 여성상을 유전으로 물려받아서 무의식적으로 일정한 기준을 만들고 그에 큰 영향을 받아 특정한 여자를 받아들이거나 거부하게 된다는 것이다. 아니마의 맨 처음 투사는 항상 어머니에게 행해지고, 마찬가지로 아니무스의 최초 투사는 아버지에게 행해진다. 후에 남자는 긍정적 혹은 부정적 감정을 일으키는 여자에게 아니마를 투사한다. 남자가 '정열적인' 매력을 느낄 경우 그 여자는 그의 아니마 여성상과 같은 성향을 갖고 있음이 분명하다. 반대로 남자가 '혐오'를 느꼈을 경우 그 여자는 그의 무의식적 아니마 여성상과 갈등을 유발하는 성향을 갖고 있을 것이다. 여자가 아니무스를 투영할 경우도 마찬가지다.

남자가 어떤 여자에게 매력을 느끼는 이유는 여러 가지겠지만 그런 것들은 2차적인 것에 지나지 않을 수도 있다. 1차적인 이유는 틀림없이 무의식 속에 있기 때문이다. 남자는 자신의 아니마 상과 반대되는 여자들과 유대를 맺으려 많은 시도를 하지만 결국엔 불만과 적대 감정만 남게 된다.

융의 말에 의하면 아니마는 여성 속에 있는 공허하고, 무력하며, 변덕스럽고, 무심한 모든 것에 대해 선입관적 호감을 갖고 있다고 한다. 아니무스는 영웅적·지적·예술적·스포츠맨적인 명성이 있는 남성과 동일화하려고 한다.

앞서 말했듯이 많은 사람들이 팽창했거나 지나치게 발달한 페르소나에 의해 시달림을 받는다. 그런데 아니마나 아니무스의 경우에는 그 반대인 경우가 많다. 이 원형들은 종종 위축되어 있고, 미발달되어 있다. 이런 차이가 생기는 이유 가운데 하나는 서양 문명이 순응에 높은 가치를 부여하고, 남자 속의 여성다움과 여자 속의 남성다움은 경멸하는 데서 비롯된다. 이러한 경멸은 여자 같은 남자 아이와 남자 같은 여자 아이가 놀림을 받던 어린 시절부터 시작된다. 남자 아이는 문화적으로 규정된 남성적 역할에 순응하고 여자 아이는 여성적인 역할에 순응하도록 기대된다. 그래서 페르소나가 우선시되고, 아니마 또는 아니무스를 억누르게 된다.

이와 같이 페르소나와 아니마 또는 아니무스의 불균형이 가져온 결과 가운데 하나는 아니마 또는 아니무스의 반란을 촉발시켜, 개인이 과도한 반응을 보이는 것이다. 젊은 남자가 그의 아니마를 강화할 경우 남자다워지기보다는 여자다워질 수 있다. 여장을 하고 싶어하는 남자, 나약한 동성연애자들 중 일부가 이 범주에 해당된다. 남자가 아니마와 완전히 동일화되면 호르몬 요법을 받고 외과적 성기(性器) 수술을 받아 육체적으로도 여자가 될 수 있다. 혹은 젊은 여자가 아니무스와 완전히 동일화되면 남자처럼 보이기 위해

〈살로메〉
남성을 유혹하여 결과적으로 파멸에 이르게 하는 무서운 아니마이다.(콜네리스 환 오스
트네산 그림)

자신의 여자다운 특징을 전부 없애버릴지도 모른다.

3) 그림자

앞서 말한 바와 같이 아니마 또는 아니무스는 이성에게 투사되며, 남녀 관계의 질은 그들의 아니마 또는 아니무스에 의해 결정된다. 그런데 자신의 성(性)을 대표하고 동성(同性)인 사람과의 관계에 영향을 미치는 또 다른 원형이 있다. 융은 그 원형을 그림자라고 불렀다.

그림자는 다른 어떤 원형들보다 인간의 기본적인 동물적 본성을 많이 내포하고 있다. 그림자는 진화의 역사에 매우 깊이 뿌리를 내리고 있다. 그러므로 아마 모든 원형 중에서 가장 강력하며, 잠재적으로는 가장 위험할 것일 수도 있다. 특히 그림자는 동성인 다른 사람과의 관계에서 좋고 싫음을 판가름하는 자료가 된다.

인간이 공동 사회의 일원이 되기 위해서는 그림자에 포함되어 있는 동물적인 기질들을 잘 길들일 필요가 있다. 이러한 기질을 길들이는 일은 그림자의 여러 징후를 억압하고 그림자의 힘에 대항하는 강한 페르소나를 발달시킴에 따라 완수된다. 자기 본성의 동물적인 측면을 억제하는 사람은 문명인이 되기는 하겠지만 그때 그는 자발성, 창조성, 강한 정서, 깊은 통찰의 원동력을 감퇴시킴으로써 대가를 치르게 될 것이다. 그는 본능의 지혜를 잃게 되는데, 그 지혜란 어떤 학습이나 교양이 제공할 수 있는 것보다 더 깊은 지혜일 수도 있다. 그림자가 없는 생활은 피상적이고 무기력해지는 경향이 있다.

그러나 그림자는 사라지는 일이 없다. 그림자는 억압해도 쉽사리 굴복하지 않는다. 이는 다음과 같은 예로 설명될 수 있을 것이다. 어떤 농부가 시인이 되리라는 영감(靈感)을 받을 수 있다—영감은 언제나 그림자의 작용이다. 농부는 그 영감을 당장 실천에 옮기는 것이 불가능하다고 생각하고 상대하지 않는다. 아마도 농부로서의 페르소나가 대단히 강하기 때문이었을지도 모른다. 하지만 그림자가 끈질기게 압력을 가하기 때문에 그 생각은 계속 그를 귀찮게 한다.

마침내 어느 날 그는 그 생각에 굴복하여 농부 일을 그만두고 시를 쓰기 시작한다. 물론 2차적인 주변 여건들 역시 그런 결심을 촉구한 것이 분명하지만 가장 강한 영향은 그림자에서 온 것이다. 그가 아무리 거부하려고 해도 그림자가 끈덕지게 그 생각을 주장한 것이 틀림없다. 2차적인 여건들조차도 사실은 그림자가 그 토대를 만든 것이다. 이런 의미에서 그림자는 중요하고 가치 있는 원형이다. 그림자는 개인에게 유리한 것이 될지도 모르는 생각이나 이미지를 보유하고 주장하는 힘을 가지고 있기 때문이다. 그림자는 그 강인성에 의해 개인을 더욱 만족스러운 그리고 더욱 창조적인 활동을 하도록 내몰 수도 있다.

자아와 그림자가 서로 사이 좋게 조화를 이루면 인간은 삶의 충만함과 활기를 느낀다. 자아는 본능에서 비롯되는 모든 힘을 방해하지 않고 통과시킨다. 의식은 확대되고 정신 활동이 생기발랄해진다. 정신 활동만이 아니다. 신체적으로도 생동감과 활기가 넘친다. 따라서 창조적 인간이 동물적인 정신으로 충만해 있는 듯이 보이는 것은 조금도 놀라운 일이 아니다. 그 때문에 속인들은 그를 괴짜라고 생각하는 경우가 있다. 천재성과 광기(狂氣)가 서로 통한다는 주장은 어느 정도 사실이다. 대단히 창조적인 인간의 그림자는 때때로 자아를 압도하기 때문에 그는 일시적으로 제정신이 아닌 듯이 보일 수 있다.

그림자 속에 존재하는 '나쁜' 또는 '부당한' 요소의 운명에 대해 생각해보자. 나쁜 요소를 의식에서 배제하기만 하면 그것으로 모든 것이 해결되었다고 생각할지 모른다. 그러나 사실은 그렇지 않다. 나쁜 요소는 단지 무의식 속으로 움츠러든 것뿐이며, 의식적 자아 속에서 모든 것이 잘되어가는 한 무의식에 그대로 잠재되어 있다. 그러나 개인이 삶의 위기나 어려운 상황에 직면하게 되면 그림자는 그 기회를 이용해 자아에 힘을 미치려고 한다.

강박적인 알콜 중독자가 음주 습관을 극복한 예를 생각해보자. 알콜 중독에서 벗어났을 때 그를 알콜 중독자로 만들었던 이유는 무의식 속으로 쫓겨가서 대기하고 있다가 언젠가 그대로 다시 발현될 기회를 노린다. 그 기회란 감당할 수 없이 불행해지거나, 상처를 받거나, 혹은 갈등이 빚어지는 상황에 직면하는 것을 말한다. 그렇게 되면 그림자는 약해진 자아에게서 거의 저항을 받지 않고 뛰쳐나오고, 그는 다시 알콜 중독에 빠지게 된다. 그림자의 집요함은 나쁜 일에도 좋은 일에도 똑같이 효과를 발휘한다.

〈어두움 중심에 있는 빛〉

그림은 무의식의 어두움 중에서만 광명이 있다는 것을 나타낸다. (프로이트와 결별한 후 정신적 위기에 빠진 융은 1913년부터 6년 간 무의식에서 넘쳐나는 내용과 이미지를 기록했는데 이것이 《흑서》이다. 여기에 스스로 그린 그림을 첨부하여 편집한 것이 빨간 표지로 된 《적서》로, 이 그림은 《적서》에서 발췌했다.)

그림자가 사회에 의해 지나치게 억압당하거나 그 돌파구를 찾지 못할 경우 때때로 비참한 결과가 초래된다. 제1차 세계대전이 끝난 1918년 융은 "우리 속에 살고 있는 동물은 억압되면 더욱 야수적으로 변할 뿐"이라는 점을 관찰했다. 계속해서 "기독교만큼 무고한 백성들이 흘린 피로 얼룩진 종교는 없다. 세계사에서 기독교 국가 간의 전쟁만큼 피비린내 나는 전쟁이 없었던 이유는 바로 여기에 있다"(Vol.10, p.22)라고 말했다. 이러한 관찰이 암시하고 있는 것처럼 기독교의 가르침은 그림자에 대해 매우 억압적이다. 더 심한 피비린내를 풍겼던 제2차 세계대전과 그 후의 여러 전쟁에 대해서도 같은 사실을 관찰할 수 있을 것이다. 이러한 전쟁과 그 밖의 역사상 무수한 사건에 나타나 있듯이 억압된 그림자가 반격을 가함으로써 많은 사람이 무서운 유혈의 심연에 빠진 바 있다.

그림자는 동성과의 관계를 결정한다고 했다. 그림자가 자아에게 받아들여지고 정신 속에서 조화를 이루고 있는가, 아니면 자아에게 배격당해 무의식 속으로 내쫓겨 있는가에 따라 동성과의 관계는 우호적이 되기도 하고 적대적이 되기도 한다. 남성은 배격당한 그림자의 충동을 다른 남성에게 투사하기 쉬워서 남자들 사이에서는 나쁜 감정이 싹트기 쉽다. 이는 여성의 경우도 마찬가지다.

앞서 밝혔듯이 그림자는 기본적인 또는 정상적인 본능을 포함하고 있으며, 생존을 위해 유용한 현실적 통찰과 적절한 반응의 원천이기도 하다. 그림자의 이런 특징은 유사시 개인에게 대단히 중요하다. 때때로 우리는 즉각적으로 결단과 반응을 해야 하는 경우에 직면한다. 사정을 고려하고 좀 더 적합한 반응이 무엇일지를 생각할 여유가 없다. 이런 경우 의식(자아)은 그 상황의 긴박성 때문에 혼동스러워진다. 그러한 상태는 무의식(그림자)이 독자적인 방식으로 상황에 대처하는 것을 허용한다. 그림자가 개별화되는 것이 허용되면 위협이나 위험에 대한 그림자의 반응은 매우 효과적일 것이다. 그러나 그림자가 억압되고 미분화된 상태에 있으면 본능의 거센 파도는 더욱 자아를 압도하고, 그 결과 개인은 타격을 받아 절망감으로 무력해진다.

요약하면 그림자 원형은 인간의 인격에 튼실하고 입체적인 특성을 부여한다고 말할 수 있을 것이다. 이러한 본능은 인간의 생명력, 창조력, 활기, 강인성을 책임지고 있다. 그림자를 거부하면 인격은 평범해진다.

4) 자기

전인격(全人格) 또는 정신의 개념은 융 심리학의 중심적인 특징이다. 정신에 대해 언급할 때 지적했듯이 이 전체성은 조각그림 맞추기처럼 여러 부분이 결합되어 만들어지는 것이 아니다. 성숙되는 데 시간이 걸리지만 그것은 애초부터 함께 시작된 것이다. 인격의 조직 원리는 융이 '자기(self)'라고 부른 원형이다. 태양이 태양계의 중심인 것처럼 자기는 집단 무의식 속의 중심 원형이다. 자기는 질서, 조직, 통일의 원형이다. 자기는 모든 원형과 콤플렉스 및 의식 속의 원형들에 대한 표현 형태를 끌어들여 조화시킨다. 자기는 인격을 통일하고 거기에 '하나 됨(oneness)'과 불변성의 감각을 준다. 누군가가 자신 및 세계와 조화되어 있음을 느끼고 있다면 그것은 자기의 원형들이 그 역할을 효과적으로 수행하고 있음을 의미한다. 반면 언짢고 불만족스러우며 심한 갈등에 시달리고 '산산조각이 날 것 같다'라고 느끼고 있다면 그것은 '자기'의 역할이 적절하게 수행되지 못하고 있음을 의미한다.

모든 인격의 궁극적인 목표는 자기다움(selfhood)과 자기 실현 상태를 달성하는 것이다. 이는 간단한 일이 아니며, 이를 완전히 달성한 사람은 극히 드물다고 할 정도로 매우 오랜 시간이 걸리는 복잡하고 어려운 과제이다. 예수나 석가와 같은 위대한 종교 지도자는 이 목표의 가장 가까운 곳까지 이르렀다. 융이 지적한 것처럼 개인 원형은 거의 중년이 되기까지 분명히 드러나지 않는다. 왜냐하면 인격이 개성화를 통해 충분히 발달되어 있어야 자기가 어느 정도라도 모습을 드러내기 때문이다.(제4장 참조)

자기 실현 상태를 달성하느냐 못하느냐는 자아의 협력에 달려 있다. 자아가 자기 원형의 메시지를 무시하면 자기의 평가와 이해는 불가능하기 때문이다. 인격을 개성화하는 것이 효과적이기 위해서는 어떤 것이든 의식화되어야 한다.

꿈을 분석하는 작업으로 자기에 대해 인식할 수 있다. 더욱 중요한 것은 진실한 종교적 체험에 의해서도 자기를 이해하고 실현할 수 있다는 것이다. 요가의 명상과 같은 동양의 종교를 통해서 자기 달성을 위한 의식적 수련을 한 동양인이 서양인보다 쉽게 자기를 지각할 수 있다. 융이 종교에 대해 말할 때 그것은 정신의 발달을 가리키는 것이지 초자연적인 현상을 가리키는 것은 아니다.

융은 완전한 자기 실현을 달성하는 것보다는 자기를 인식하는 데 중점을 두어야 한다고 권한다. 자기 인식은 자기 실현으로 가는 길이다. 이는 중요한 구분이다. 자신에 대해서는 조금도 알려고 하지 않으면서 자기 실현을 하려는 사람들이 많기 때문이다. 그들은 즉각적인 완성을 원해서 순식간에 완전히 자기를 실현한 사람이 되는 기적이 일어나기를 바란다. 하지만 실제로 이것은 끊임없는 수련과 지속적인 노력, 최고의 책임과 지혜 등을 필요로 하는 것으로 사람의 인생에서 직면하는 가장 어려운 일이다.

무의식적인 것을 의식화함으로써 인간은 자기 자신의 본성과 위대한 조화를 이루며 살아갈 수 있다. 불안이나 좌절감을 느끼는 일도 적어질 것이다. 그 기원이 자기 자신의 무의식에 있음을 알게 되기 때문이다. 자신의 무의식을 알지 못하는 사람은 자신의 무의식적 요소들을 다른 사람에게 투사한다. 지각하지 못한 자신의 결점 때문에 남을 공격하고 비난하며 나무란다. 하지만 자기 인식은 이런 투사의 정체를 알게 해준다. 그렇게 되면 더는 비난하고 조소하기 위한 희생자를 찾아 헤맬 필요가 없어진다. 인간관계는 개선되고 그는 타인이나 자기 자신과 좀 더 조화로워짐을 느끼게 된다.

자기 원형은 외적인 의식적 자아와는 완전히 다른 내적인 길잡이라고 할 수 있다. 자기는 인격을 조절하고 통제하며 영향력을 행사할 수 있고, 인격을 성숙시켜 통찰력을 높이는 능력을 갖고 있다.

따라서 인간은 자기의 발달을 통해 자기 삶을 지각하고 깨닫고 이해하고 조절하려는 동기를 갖게 된다.

자기의 원형이라는 개념은 집단 무의식 연구 중 가장 훌륭한 성과이다. 융이 자기의 원형을 발견한 것은 다른 여러 가지 원형에 대한 철저한 연구와 저술이 모두 끝난 후의 일이었다. 융은 다음과 같이 결론지었다. "자기는 우리 인생의 목표다. 자기는 우리가 개성이라고 부르는 숙명적 통일체의 가장 완벽한 표현이기 때문이다." (Vol.7, p.238)

5 인격 구조들의 상호작용

융의 구조적 개념에 대해 하나하나 논함으로써 그들이 서로 관계없는 별개의 것이라고 생각하게 했을지도 모른다. 하지만 사실은 그렇지 않다. 그들 사이에는 많은 상호작용이 존재한다. 융은 세 가지 상호작용에 대해 말하고 있다. 하나는 어떤 구조가 다른 구조의 약점을 '보상하는' 경우, 또 하나는 어떤 요소가 다른 요소와 '대립되는' 경우, 나머지는 둘 또는 그 이상의 구조가 '결합하여' 하나의 통합을 이루는 경우이다.

대조적인 외향적 태도와 내향적 태도는 보상의 한 예이다. 외향성이 의식적 자아의 지배적인 태도이거나 상위 태도라면 무의식은 내향적 태도를 억압하도록 발달됨으로써 보상을 한다. 이것은 어떤

식으로든 외향적 태도가 좌절되면, 무의식적 하위에 있는 내향적 태도가 전면에 나타나 행동에 힘을 미치게 된다는 것을 의미한다. 대개 심한 외향적 행동의 시기가 지난 후 내향적 시기가 오는 것은 그 때문이다. 무의식은 항상 인격 체계에서의 약점을 보상한다.

기능과 기능 사이에서도 보상이 이루어진다. 의식적으로 사고와 감정을 중요시하는 사람은 무의식적으로는 직관 유형, 감각 유형이 될 것이다. 마찬가지로 남자의 자아와 아니마, 여자의 자아와 아니무스도 상보적(相補的) 관계에 있다. 정상적인 남자의 자아는 남성적인 반면 아니마는 여성적이며, 정상적인 여자의 자아는 여성적인 반면 아니무스는 남성적이다. 보상의 원리는 대립되는 여러 요소 사이에 일종의 균형이 이루어지도록 함으로써 정신이 신경증적 불균형 상태가 되는 것을 막는다.

어떤 관점을 가지거나 어떤 학파에 속해 있든 간에 거의 모든 인격 이론가들은 인격에는 서로 갈등을 일으킬 만큼 반대되는 여러 경향이 내포되어 있다고 가정한다. 융도 예외는 아니다. 그도 갈등하는 여러 요소가 조성하는 긴장이야말로 생명의 본질 자체이므로 심리학적 인격 이론은 대립 또는 갈등의 원리에 기초하여 완성되어야 한다고 믿었다. 긴장이 없으면 에너지도 없고, 결과적으로 인격도 없을 것이다.

인격의 내부에는 수많은 대립이 존재한다. 페르소나와 그림자 사이, 페르소나와 아니마 사이, 그림자와 아니마 사이에도 대립이 존재한다. 내향성은 외향성과 대립되고, 사고는 감정과 대립되며, 감각은 직관과 대립된다. 자아는 사회의 외적 요구와 집단 무의식의 내적 요구 사이에서 왔다 갔다 하는 공과 같다. 남자 속의 여성은 남자 속의 남성과 싸우고 아니무스는 여성 속의 여자다움과 싸운다. 정신 속의 이성적인 힘과 비이성적인 힘의 싸움은 끊임없이 계속된다. 갈등은 삶의 곳곳에 산재해 있다. 중요한 쟁점은 이런 갈등들이 인격의 붕괴를 초래할 것이냐, 아니면 인격이 갈등을 참고 이겨낼 수 있을 것이냐 하는 문제이다. 선사의 경우 당사자는 신경증이나 정신병 환자가 된다. 미치거나 거의 미친 사람에 가까워지는 것이다. 하지만 버텨낼 수만 있다면 갈등은 창조적 업적의 원동력이 되거나 자신의 행동에 활기를 줄 것이다.

인격은 항상 나뉘어 있어야만 하는 것일까? 융은 그렇게 생각하지 않았다. 언제나 대립에 대한 통합이 있을 수 있다. 이것은 융의 여러 저서에서 크게 강조되어 나타나는 주제이다. 그는 되풀이해서 대립이 통합에 이르게 되는 여러 가지 길이 있다는 증거를 든다. 융이 초월적 기능이라고 부른 것에 의해 대립에 대한 통합은 달성된다.(제4장 참조) 이 타고난 기능에 의해 균형 잡힌 통합적 인격 형성이 가능하다.

6 요약

융의 구조적인 여러 개념에 관한 설명은 여기까지다. 융의 눈을 통해 살펴보았던 것처럼 인격은 대단히 복잡한 구조로 되어 있음을 알 수 있다. 수많은 요소—가능한 원형이나 콤플렉스의 수는 셀 수도 없이 많다—가 존재할 뿐만 아니라 이 요소들 사이의 상호작용도 복잡하게 얽혀 있다. 사려 깊은 사람이라면 애초에 인격이 간단한 구조로 이루어져 있으리라 생각진 않았을 것이다. 융의 구조적 개념들은 이 뒤죽박죽 뒤엉켜 있는 것처럼 보이는 인간의 정신과 행동에 질서를 만들려는 시도이다.

인격의 여러 요소가 개개인의 인간 존재에게 어떻게 표현되는지 이해하는 것은 매우 어려운 문제이다. 그 이유는 어떤 주어진 시점에 여러 요소가 발휘하는 힘을 평가하는 동시에 시간을 초월하여 생기는 힘의 변화도 파악해야 하기 때문이다. 정신은 바위나 나무처럼 일단 표현되고 나면 그것으로 끝나는 안정되고 고정된 사물이 아니다. 정신은 끊임없이 변화하는 역동적 체계다. 다음 장에서는 역동성에 관한 융의 여러 개념을 설명하고자 한다.

3장

인격의 역동성

앞 장에서 서술한 인격의 여러 구조가 작동되기 위해서는 에너지가 있어야 한다. 이 에너지는 어디에서 오는 것일까? 그것은 어떤 성질을 갖고 있는가? 그것은 어떻게 이용되는가? 그것은 인격의 여러 구조 사이에 어떻게 배분되는가? 이제 이러한 문제에 대한 답을 구해보기로 하자.

1 정신 : 상대적 폐쇄계

우선 융은 전인격 또는 정신은 "상대적으로 폐쇄된 체계"라고 주장한다. 상대적으로 폐쇄적이라는 말은 정신이 그 자체 내에서는 단일계로 취급되어야 한다는 의미이다. 즉 그것은 얼마간은 자기 충족적인 에너지계로서, 다른 에너지계와는 동떨어져 있다는 뜻이다. 정신은 신체를 포함한 외적 원천에서 에너지를 받아들이지만, 이 에너지가 일단 받아들여지면 전적으로 정신에만 속한다. 다시 말해서 이 부가된 에너지의 운명은 외적 원천에 의해서가 아니라, 정신이라는 기존 에너지 체계에 의해 결정된다. 정신은 외적 원천에서 새로운 에너지를 받아들이는 입구를 제외하고는 외계와 차단되어 있는 영역이라고 할 수 있다.

외적 원천에서 공급되는 에너지는 우리가 만지고, 보고, 냄새 맡고, 맛보고, 느끼고, 듣는 것들에서 비롯된다. 우리가 먹는 음식이 신체를 기르는 것과 마찬가지로, 이러한 감각들은 정신이 양육되도록 끊임없이 자극을 제공한다. 이것이 정신 체계가 끊임없이 변화하는 상태에 있고 결코 완벽한 균형 상태에 도달하지 못하는 이유다. 정신 체계는 상대적인 안정성만을 이룰 수 있다. 외적 환경과 신체에서 오는 자극은 끊임없이 체계 내의 에너지의 재분배와 이동을 일으킨다. 만약 정신이 완전히 닫혀 있는 체계라면 외부의 간섭을 받지 않아도 되므로 완전한 균형 상태에 도달할 수도 있을 것이다. 이 경우 정신은 새로이 물이 흘러들어오지 않는 한 고요한 연못처럼 될 것이다.

이 점은 역설할 필요가 없다. 독자 여러분은 모든 것이 순조롭게 되어갈 때 뜻하지 않은 일이 일어나 균형을 잃게 되는 상황을 분명히 여러 번 경험했을 것이다. 아무리 작은 자극이라도 당사자의 정신적 안정에 큰 영향을 끼칠 수 있다. 이처럼 문제가 되는 것은 부가된 에너지의 양이 아니라, 그 에너지가 정신에 일으키는 교란 효과다. 이 교란 효과는 체계 내에서 엄청난 에너지 재분배가 이루어짐에 따라 발생한다. 탄환을 잰 총의 방아쇠를 살짝만 잡아당겨도 끔찍한 일이 벌어질 수 있다. 마찬가지로 불안정한 정신에는 작은 에너지만 더해져도 당사자의 행동에 큰 변동이 일어난다. 예를 들면 악의 없는 한마디 말도 경우에 따라서는 듣는 상대방을 격앙시키는 격한 감정을 불러일으킬 수 있다.

개인이 모든 예기치 않은 사태에 대비할 수 있다고 생각한다면 어리석다. 새로운 경험이 정신에 들어와 끊임없이 그 균형을 무너뜨릴 것이다. 융이 정신의 균형을 회복하기 위해 일시적으로라도 세상에서 멀어지는 것이 필요하다고 처방하는 것은 그 때문이다. 명상은 일상생활에서 벗어나 자기 안에 침잠하는 방법 가운데 하나다. 전문용어로는 자폐증 또는 긴장병(catatonia)으로 알려져 있는 완전하고 영속적인 은퇴는 좀 더 과감한 방법이기는 하지만 권장할 수는 없다. 긴장병 환자는 사실상 모든 형태의 자극을 받아들이지 않고 있는 것이다.

한편 자극이나 새로운 경험도 필요하다. 새로운 경험에서 차단되어 생활이 너무 단조로워지면 권태와 무기력에 빠진다. 이럴 경우 외부 세계의 자극이 정신에 활기를 주어 쾌활한 기분이 되고 힘찬 활력을 얻는다.

정신이 완전히 열려 있으면 혼돈만 있을 것이고, 완전히 닫혀 있으면 정신은 침체될 것이다. 건강하고 안정된 인격은 이 양극단의 중간 지점에서 기능한다.

2 정신 에너지

인격이 작동되는 데 사용되는 에너지를 '정신 에너지'라고 부른다. 이런 형태의 에너지를 가리키기 위해 융 역시 '리비도(libido)'라는 말을 사용했는데, 리비도에 대한 프로이트의 정의와 혼동해서는 안 된다. 융은 프로이트처럼 리비도를 성적 에너지만으로 국한하지는 않았다. 사실상 이것이 두 사람의 이론이 본질적으로 다른 점 가운데 하나이다. 융에 따르면 리비도란 정서적인 것을 나타내기도 하지만 자연 상태에서는 배고픔, 갈증, 성적 욕구라고도 할 수 있다. 의식적으로 나타나는 리비도는 목표 지향적이며 갈망하고 추구하는 형태가 된다.

정신 에너지는 물리 에너지의 여러 형식처럼 공식에 의해 양적으로 측정될 수는 없다. 예를 들어 방사선은 래드(rad), 전기는 볼트로 측정된다. 정신 에너지는 심리적 작업을 수행하는 현실적인 또는 잠재적인 힘의 형태로 표현된다. 호흡, 소화, 발한이 생리적인 활동인 것처럼 지각, 기억, 사고, 감정, 욕망, 의지, 기대, 노력은 심리

지크문트 프로이트(1856~1939년)
정신분석학의 창시자로 성적 충동 및 삶의 본능적인 에너지를 표현하기 위해 '리비도'라는 개념을 만들어냈다.

적인 활동이다. 인격의 잠재력에는 소인(素因), 잠재적 성향, 성벽(性癖) 등이 있다. 이러한 잠재력은 언제든지 활성화될 수 있다.

앞서 말한 바와 같이 정신 에너지는 당사자의 경험에서 비롯된다. 음식물이 신체에 의해 소비되어 생물학적 에너지 또는 생명 에너지로 바뀔 수 있는 것과 마찬가지로, 경험은 정신에 의해 '소비되어' 정신 에너지로 바뀐다.

뇌에 물리적인 충격을 받는 드문 경우를 제외하면, 정신은 신체와 마찬가지로 언제나 뭔가를 하고 있다. 깊이 잠들어 있을 때에도 정신은 여전히 활동하며 꿈을 만들어내고 있다. 우리가 알고 있는 것 이상의 모든 생리학적 활동까지 항상 알아야 하는 것은 아니지만, 우리가 의식하지 못한다고 해서 그런 생리적 활동이 없다고는 할 수 없다. 우리는 꿈의 아주 작은 부분만 기억하고 있지만, 최근의 연구는 우리가 밤 내내 꿈을 꾸고 있다는 증거를 보여주고 있다. 하지만 일반인들은 정신이 끊임없이 활동을 하고 있다는 이러한 견해를 인정하기가 어려울 것이다. 정신 활동을 의식 활동과 같은 것으로 보는 경향이 강하기 때문이다. 프로이트와 마찬가지로 융도 이에 대해 되풀이해서 말했지만 그러한 오해는 오늘날까지도 지속되고 있다.

융은 신체 에너지와 정신 에너지 사이에 평형 관계가 있다는 것을 과학적으로 증명하기는 불가능하다고 했다. 그러나 그 두 체계 사이에서 어떤 상호작용이 일어나고 있다고 믿었다. 즉 정신 에너지가 신체 에너지로 바뀌고, 신체 에너지가 정신 에너지로 바뀌는 것이다. 예를 들면 신체에 화학적인 영향을 미치는 약품이 심리적 기능에도 변화를 일으킨다는 것은 분명한 사실이다. 그리고 사고와 감정도 생리적 기능에 영향을 준다. 이것이 정신신체 의학이 성립되게 된 근거다. 융은 의학에서의 이 중요한 새 개념에 대해 주창한 선구자들 가운데 한 사람으로 주목받을 것이다.

3 정신 가치

'가치'라는 개념은 융의 역동성 이론에 관한 주요 개념들 가운데 하나다. 가치란 특정한 정신 요소에 부가된 에너지 양의 측정치이다. 어떤 관념이나 감정에 높은 가치를 둔다는 것은 이 관념이나 감정이 당사자의 행동을 결정하고 지배하는 데 상당한 힘을 갖고 있다는 것을 의미한다. 아름다움에 높은 가치를 두는 사람은 미(美)를 추구하고, 주변에 아름다운 것들을 두며, 미를 발견할 수 있을 법한 곳을 여행하고, 아름다운 사람이나 동물들과 어울리며, 혹시 재능이 있다면 아름다운 예술 작품을 창조하는 데 많은 양의 에너지를 소모할 것이다. 반면 미에 가치를 두지 않는 사람이라면 그런 행동은 일체 하지 않을 것이다. 따라서 그에게는 미적 즐거움을 위해 사용하는 에너지가 거의 혹은 전혀 없을 것이다. 대신 그는 권력에 높은 가치를 두고 권력을 손에 넣기 위한 활동에 많은 에너지를 쏟을지도 모른다.

어떤 심리학적 요소에 부과되는 정신 에너지의 절대 가치는 규정될 수 없으나, 다른 가치와 비교한 상대 가치는 결정될 수 있다. 즉두 개의 정신 가치를 측정 비교하여 그 상대적 강도를 결정할 수 있다. 우리는 진실과 아름다움, 권력과 지식, 부유함과 친구 등등 중에서 어느 쪽을 먼저 혹은 어느 쪽을 나중에 선택할 것인지를 자문할 수 있다. 이보다 더 나은 방법은 자기 자신 또는 다른 사람들을 관찰해서, 여러 종류의 활동에 전념하기 위해 어느 정도의 시간과 에너지를 쓰고 있는지 알아보는 것이다.

즉 어떤 사람이 돈을 벌기 위해서는 한 주에 40시간을 사용하고, 자연의 아름다움을 즐기기 위해서는 한 시간을 사용하고 있다면, 이 두 활동 간의 상대적 가치를 판단하기란 어렵지 않은 일이다. 상대 가치를 판정하는 또 하나의 방법은 어떤 사람에게 여러 가지를 취사선택하게 해서 그가 무엇을 택하는가를 보는 것이다. 또 다른 방법은 목표에 도달하는 길에 장애물을 놓아두고 그가 그 장애물을 넘기 위해 얼마 동안이나 노력을 지속하는지 관찰하는 것이다. 그 목표에 두는 가치가 낮은 사람은 금방 단념하고 만다.

자신의 꿈을 기록해두면 자신이 무엇에 가치를 두고 있는지 정확하게 찾아낼 수 있을 것이다. 성적인 내용의 꿈을 많이 꾸고 권력을 원하는 꿈은 거의 꾸지 않는다면, 권력보다 성에 높은 가치를 두고 있다고 단정할 수 있다.

역동적 체계로서의 정신은 끊임없이 견적을 낸다. 그에 따라 여러 가지 심리적 활동에 대해 각각 적당한 양의 에너지를 할당한다.

할당되는 양은 때에 따라 변한다. 오늘은 시험공부에 많은 에너지를 소비하고, 내일은 테니스나 승마에 많은 에너지를 사용할 수도 있다. 개인의 가치 척도는 변함없는 형태로 머물러 있지 않는다.

가치의 상대적 강도를 평가하기 위해 사용되는 관찰이나 방법은 의식적 가치를 나타낸다. 그러한 방법은 무의식적인 가치에 대해서는 그다지 많은 정보를 제공하지 않는다. 어떤 의식적 가치가 대응하는 의식 활동으로 대체되어 나타나지 않은 채 소실되었다면, 에너지가 체계에서 상실되는 일이 없다는 가정 하에 그 가치가 무의식에서 나타날 것으로 예상할 수 있다. 무의식의 영역을 직접 관찰할 수는 없으므로, 무의식적인 가치를 평가하기 위해서는 보조적인 방법을 사용해야만 한다. 그런 방법 가운데 하나로 콤플렉스의 응집력을 측정하는 것이 있다.

앞 장에서 말한 것처럼 콤플렉스란 중심 요소 또는 핵으로서 그 주위에는 많은 2차적 연상(聯想)들이 있다. 이런 연상의 수가 콤플렉스의 응집력이나 견인력의 척도가 된다. 응집력이 크면 클수록 콤플렉스의 가치나 강도는 크다. 예를 들어 어떤 사람이 '강한 지도자' 콤플렉스를 갖고 있다고 하자. 그에게는 남을 지배하고 싶다는 욕구가 중심에 있으며, 그는 이를 중심으로 많은 경험과 연상을 끌어들일 것이다. 그 전체는 영웅 숭배, 출중한 인물과의 동일시, 다른 사람이라면 벗어나려는 책임도 떠맡기, 다른 사람들에게 자기 결정을 인정받으려는 욕구, 크고 작은 일에서 의논 대상이 되고자 하기, 될 수 있는 한 많은 기회에 자기 생각을 표명하기, 존경과 찬사의 추구 등으로 이루어져 있을 것이다. 새로운 경험은 모두 지도자 콤플렉스에 흡수될 것이다. 융은 "한 콤플렉스가 다른 콤플렉스보다 더 흡수력이 강하다는 것이 증명될 때 그 콤플렉스의 가치는 더 높아진다"고 쓰고 있다.

콤플렉스의 응집력이 지닌 에너지 가치를 평가하기 위해서는 어떤 방법이 사용될까? 융은 세 가지 방법을 제시했다. 직접 관찰과 분석적 연역, 콤플렉스 지표, 정서적 표현의 강도가 그것이다.

A. 직접 관찰과 연역

콤플렉스가 항상 의식적 행동에서 여러 가지를 특징적으로 나타내는 것은 아니다. 콤플렉스는 꿈이라는 형식이나 위장된 형식으로 나타날 수 있으므로 그 의미를 밝히려면 상황 증거에 주의를 기울일 필요가 있다. 분석적 연역은 이것을 의미한다. 예를 들면 다른 사람들에게 몹시 고분고분해서 비굴하게 보이기까지 하는 사람이 있다고 하자. 그런데 잘 살펴보면 그는 언제나 자기 몫을 잘 챙기고 있는 것 같다. 그는 "저에 대해선 걱정하지 마세요" 하고 말하지만, 곧 누구나 그의 일에 걱정하게 만드는 사람이다. 혹은 그는 "여러분, 모두 가보세요. 자리가 없으면 내가 남아서 집을 지키겠어요" 하고 말한다. 그러면 사람들은 다른 사람이 집을 보게끔 하고서라도 그를 데리고 가게 된다. 가족을 위해 몸이 가루가 되도록 일하던 주부가 마침내 병약해지는 경우도 마찬가지다. 결국 가족은 그녀의 시중을 들어야 하고, 하고 싶은 대로 하게 내버려두어야 한다. 이들은 묘한 방법으로 남을 조정하고 그들을 지배하고 있다(권력 콤플렉스). 그러나 당장은 너무나도 헌신적이고 희생적으로 보이기 때문에 이들이 비난을 받지는 않는다.

어떤 일에 강한 부정적 태도를 보이는 것은 호들갑스럽게 거절하고 있는 바로 그 일에 대한 적극적인 관심을 감추고 있는 것일 수도 있다. 강력하게 "가십(gossip)은 참을 수 없어"라고 말하는 사람이 실상은 가장 가십을 좋아하는 사람일지도 모른다. 혹은 "대가는 아무래도 좋아요. 이 일이 좋아서 하는 거예요"라고 말하는 사람이 가장 먼저 적은 보수에 불만을 터뜨릴지도 모른다. 분석심리학자는 사람의 말을 액면 그대로 받아들이지 않고, 그 이면에 무엇이 숨어 있는지 알아보는 법을 터득하고 있다.

B. 콤플렉스 지표

행동상 어떤 장애가 있다면 그것은 콤플렉스를 나타내는 것일 수 있다. 예를 들어 자신이 잘 알고 있던 사람의 이름을 잘못 부르는 경우가 있다. 남편이 아내를 자기 어머니의 이름으로 부른다면, 그것은 그의 어머니 콤플렉스가 아내에게 동화되었음을 암시하고 있다. 혹은 잘 알고 있던 일인데도 얼른 기억하지 못하는 경우가 있다. 이때는 억압된 기억이 무의식적 콤플렉스와 어떤 관계가 있으며, 그 때문에 그 기억이 무의식적 힘에 흡수된 것으로 보인다. 어떤 상황에 대한 과잉 반응은 그 상황이 어떤 방식으로든 콤플렉스와 연관되고 있음을 가리킨다.

앞서 말한 바와 같이 융의 단어연상검사는 실험실이라는 조건에서 콤플렉스 지표를 끌어내기 위한 것이었다. 그는 실험 단어에 대한 반응의 지연이나 그 밖의 특이한 반응에 의해 콤플렉스의 가치 강도를 평가할 수 있었다.

융은 과잉 보상이 있는 경우에는 콤플렉스를 드러내기가 더욱 어렵다고 말한다. 과잉 보상이란 어떤 콤플렉스의 핵심이 일시적으로 더욱 높은 에너지 가치를 갖는 다른 콤플렉스에 의해 감춰지는 것을 말한다. 당사자가 일부러 '진짜' 콤플렉스에서 '거짓' 콤플렉스로 에너지를 옮겼기 때문에 그것이 더 높은 가치를 갖는다. 예를 들면 자신의 남자다움에 열등 콤플렉스를 갖고 있는 남자는 육체를 단련하여 과시하며, 남자다움을 자랑하고, 자신이 여성스럽게 보이도록 만드는 것들은 모두 배격한다. 그런 남자는 나약한 남자를 몹시 경멸한다. 나약한 남자들은 자신이 느끼고 있는 열등감을 상기시키기 때문이다.

또 다른 예는 죄책감 콤플렉스를 갖고 있기 때문에 범죄를 저지르는 사람이다. 그는 처벌을 받기 위해 체포되기를 원한다. 처벌은 일시적으로라도 그의 죄책감 콤플렉스를 완화하는 작용을 한다. 이것은 일부러 짓궂은 장난을 하는 어린아이에게서도 볼 수 있다. 그 동기는 공격성이라기보다도 처벌을 받고 싶어하는 욕구이다.

일단 진짜 콤플렉스가 분명히 드러나면 그것에 대처할 수 있다. 그러나 '위장된' 콤플렉스에 대한 치료 시도는 거의 진전이 없다.

C. 정서적 반응

지나친 정서 반응은 그 배후에 콤플렉스가 있음을 나타낸다고 앞서 말한 바 있다. 융은 실험실이라는 조건에서 정서 표현도 연구했다. 그는 단어연상검사와 연계하여 맥박 수의 변화, 호흡의 동요, 감정적 발한에 의한 피부의 전기 전도성 변화를 측정했다. 어떤 단어를 보여주었을 때, 이런 변화 가운데 어느 하나가 나타나면 콤플렉스에 접해 있음을 가리키는 것이었다. 그때 같은 범주에 속하는 몇 가지 다른 단어를 사용하여 그 단어들도 동일한 정서 반응을 일으키는지 알아볼 수 있었다.

D. 직관

융은 지금까지 말한 실험, 분석, 관찰 외에도 콤플렉스를 인식하는 또 다른 방법이 있다고 믿었다. 그것은 누구나 가지고 있는 능력으로, 다른 사람들의 작은 감정의 동요도 지각하는 자연스럽고 자발적인 능력이다. 이 능력은 직관이라 불린다. 다른 사람보다 직관이 고도로 발달된 사람도 있고, 그다지 발달되지 못한 사람도 있다. 상대방을 잘 알게 될수록 직관은 더욱 민감해지고 정확해진다. 강한 유대 관계를 갖고 있는 두 사람의 경우 한쪽이 콤플렉스에 지배당하고 있으면 다른 쪽 사람은 거의 즉각적으로 알아차릴 수 있다.

4 평형의 원리

　정신 역동성이란 정신의 여러 구조에 대한 에너지 배분과, 구조에서 구조로의 에너지 이동에 관한 것이다. 융 학파의 정신 역동성은 두 가지 기본적인 원리를 사용한다. 둘 다 물리학에서 빌려온 것으로 '평형의 원리'와 '엔트로피 원리'다.

　평형의 원리에 의하면 어떤 정신적 요소에 위임되어 있는 에너지의 양이 감소하거나 사라지면 그만큼의 에너지가 다른 정신적 요소에서 나타난다. 즉 정신에서 에너지가 소실되는 일은 없다는 것이다. 에너지는 어떤 위치에서 다른 위치로 이동했을 뿐이다. 실제로 에너지는 몇 개의 요소들에 배분된다. 물리학을 배운 사람이라면 이 원리가 열역학 제1법칙, 또는 에너지 보존 법칙이라는 것을 잘 알고 있을 것이다.

　비유를 통해 이 원리와 작용은 더욱 명확해질 것이다. 어떤 사람이 구두를 한 켤레 사고 10달러를 지불했다면, 이 돈이 소멸된 것이 아님은 분명하다. 결국 그것은 몇몇 사람—가게 주인, 점원, 그 밖의 사무원, 도매업자와 그 사용인, 제조업자와 그 사용인, 피혁 생산자 등등—에게 배분된 것이다. 이와 마찬가지로 어떤 가치의 에너지는 다른 가치 또는 여러 종류의 가치로 전환된다. 전환 그 자체는 조금도 에너지를 사용하지 않는다. 점원에게 10달러를 넘겨주어도 10달러의 가치가 줄어들지 않는 것과 마찬가지다.

　그러나 굳이 이런 비유를 하지 않아도 좋다. 정신이 뭔가 하던 일을 멈추면 그 대신 반드시 다른 일을 하게 된다는 것은 쉽게 알 수 있기 때문이다. 예를 들어 어떤 남자 아이가 비행기 모형, 만화, 순경과 도둑 놀이에 흥미를 잃기 시작하면 자동차, 소설, 여자 아이에게 흥미를 갖기 시작하리라 예상할 수 있다. 어떤 대상에 대한 흥미 상실은 언제나 흥미 있는 대상이 바뀌었다는 것을 의미한다. 심지어 피곤해서 잠을 잘 때도 마음은 대단히 복잡한 환각을 계속해서 만들어낸다. 낮 동안 생각하고 느끼고 행동하기 위해 사용되는 에너지는 밤이면 꿈을 꾸는 데 사용된다.

그러나 간혹 어떤 양의 에너지가 어디로 이전된 것이 아니라 소멸된 듯이 보이는 경우도 있다. 이 경우 그 에너지는 의식적 자아에서 개인 무의식 또는 집단 무의식으로 이전된 것이다. 무의식의 두 수준을 유지하고 있는 여러 구조도 그 활동을 위해 에너지를 필요로 하고, 때로는 상당히 많은 양의 에너지를 필요로 하는 경우도 있다. 앞서 말한 바와 같이 이런 활동은 직접적으로는 관찰할 수 없으며 당사자의 행동에서 추측해야 한다.

의식에서 무의식으로의 전환에 대해 잘 알려진 예는 어린이가 부모에게서 독립하기 시작할 때 나타난다. 이때 어린이는 대리 부모에 대한 환상을 갖기 시작하며, 조만간 그것을 교사, 코치, 부모의 오랜 친구 등과 같은 현실의 인물에게 투사한다. 이것은 무의식적 가치가 어떻게 해서 의식적 가치가 갖고 있던 것과 같은 특징을 가지게 되는지 보여주고 있다. 어린이가 부모에게서 분리되면 그 부모에 대한 아이들의 가치는 사라진다. 이 가치는 무의식이 되고 공상의 형태로 표현된다. 그 후 그것은 새로운 대상, 새롭다고는 해도 본래의 가치와 비슷한 가치를 보유하고 있는 대상에게서 다시 의식화된다. 어떤 사람의 성격이 갑자기 변했다면(지킬 박사가 하이드씨로 변하듯이) 가치를 그 변화된 쪽으로 온전히 재분배했기 때문이라고 분명하게 말할 수 있다.

행동에 대해 다소 덜 극적이고, 그만큼 명백하지 않은 무의식적 가치의 영향은 끊임없이 작용하고 있다. 이러한 무의식적 가치의 대부분이 꿈의 내용을 결정한다. 공포증, 강박관념, 강박 행위 등의 신경증적 증상과 환각, 망상, 극단적인 현실 도피 등의 정신병적인 증상이 일어나는 것도 이 무의식적 가치로 인한 것이다. 인격의 정신 역동성을 정신병원이나 정신과 진료실에서 자주 그리고 분명하게 관찰할 수 있는 이유는 이 때문이다. 그러나 융이 되풀이하여 지적한 것처럼 그것은 범죄, 전쟁, 편견, 차별 등 여러 사회 현상이나 예술, 신화, 종교, 신비주의 등에서도 관찰할 수 있다.

어느 시점에 사용할 수 있는 기존 인격 체계 속의 에너지 양은 한정되어 있기 때문에, 당연히 이 에너지를 놓고 여러 가지 구조 사이에서 서로 경쟁하는 일이 일어난다. 어느 한 구조가 많은 에너지를 얻으면, 다른 구조가 사용할 수 있는 에너지는 그만큼 적어질 것이다. 다시 한번 일상생활에서의 경험으로 예를 들어 설명하겠다. 어떤 사람이 매달 사용할 수 있는 돈의 액수가 정해져 있다고 하자. 따라서 그는 원하는 것을 다 살 수는 없다. 그러므로 자신의 욕구와 자신에게 필요한 것에 대해 돈을 어떻게 배분할 것인지를 결정해야 한다. 마찬가지로 정신 체계도 여러 가지 구조에 대해 에너지를 어떻게 할당할 것인지를 결정해야 한다. 사실 이 '결정'은 조금 후 다시 논하게 될 또 하나의 역학 원리에 의해 정해진다.

또한 융은 어떤 구조에서 다른 구조로 에너지가 전이될 경우, 첫 번째 구조의 몇 가지 특성이 두 번째 구조로 전달된다고 지적한다. 예를 들어 권력 콤플렉스의 에너지가 성적인 콤플렉스로 넘어갈 경우, 권력에 존재하던 가치의 어떤 측면이 성적 가치에서 나타날 것이다. 그렇게 되면 당사자의 성 행위에서는 성 상대방을 지배하고 싶어하는 몇 가지 특징이 나타날 것이다. 그러나 융은 첫 번째 콤플렉스의 모든 특징이 전이되리라 가정해서는 안 된다고 경고하고 있다. 두 번째 콤플렉스 역시 독자적인 특성을 나타내기 때문이다.

융은 "어떤 정신적 활동의 리비도가 본질적으로 물질적인 관심으로 이행되는 경우가 있다. 당사자는 새로운 구조 역시 특성상 정신적인 것이라 믿고 싶겠지만 그것은 잘못이다"(Vol.8, p.21)라고 말하고 있다. 융은 둘 사이에 비슷한 점이 있을지는 모르지만 본질적으로는 서로 다르다고 말한다.

일반적으로는 어떤 구조에서 다른 구조로 정신 에너지가 전이되는 것은 전이되어도 양은 변치 않는다는 기본 원칙 하에서만 이루어진다. 즉 어떤 사람이 어떤 사람, 물건 또는 활동에 강한 집착을 보이고 있다면, 그 대리 대상이 될 수 있는 것은 이전 것과 동등한 정도의 강한 가치를 가진 것뿐이다. 그러나 간혹 전이된 에너지가 새로운 가치에서 전부 사용되지 않는 경우가 있다. 이 경우 나머지 에너지는 무의식적인 요소로 전환된다.

지금까지는 주로 단일한 요소 또는 정신적 가치에 관한 평형의 문제를 논해왔다. 이제부터는 인격의 주요한 여러 가지 구조—자아, 아니마, 그림자 등—에 대해 평형의 원리가 어떻게 작용하고 있는지를 논하려 한다. 단일한 가치의 경우보다는 행동에 대한 영향이 훨씬 클지 모르지만, 원칙은 마찬가지로 적용된다. 대량의 정신 에너지가 자아에서 제거되고 페르소나에 집중적으로 배분된다면, 그 영향은 당사자의 행동에서 분명히 나타날 것이다. 그는 더는 '자기 자신'이 아니고, 다른 사람들이 그에게 기대하고 있다고 생각되는 그대로의 인간이 될 것이다. 그의 인격은 점점 더 가면과 같은 특징을 지니게 될 것이다.

일단 어떤 체계가 고도로 발달되면, 그것은 다른 여러 체계에서 가능한 한 모든 에너지를 빼앗을 것이다. 다른 체계에 에너지가 얽매여 있는 경우라면 어렵겠지만, 부유(浮遊)하고 있는 에너지가 있거나, 에너지가 어떤 체계에서 다른 체계로 흐르는 도중이라면 쉽게 그 에너지를 뺏을 수 있다.

앞의 예에서 어떻게 정신 에너지가 자아에서 페르소나로 흐를 수 있는지를 설명했지만, 에너지가 항상 이처럼 직접적으로 재분배되지는 않는다. 자아가 에너지를 상실하고 그 에너지가 하나의 체계가 아니라 여러 체계로 재분배되는 경우도 있을 수 있다. 또한 잊어선 안 될 것은, 외적 원천에서 발생한 새로운 에너지가 끊임없이 정신에 가해지기 때문에 어떤 체계의 에너지 수준이 높아지는 경우도 있을 수 있다는 사실이다. 융은 정신 '내부'에 있어서의 에너지 분배와 재분배뿐만 아니라, 이 끊임없는 에너지 유입 과정에도 많은 흥미를 느꼈다. 이러한 흥미의 결과 융의 분석심리학은 진정으로 역동적인 심리학이 되었다.

요컨대 평형의 원리란 정신 에너지가 정신의 어떤 요소 또는 구조에서 다른 요소 또는 구조로 전이되어도 그 에너지의 가치는 언제나 동일하다는 것을 말한다. 정신 에너지는 소멸되지 않는다. 정신 에너지는 경험에 의해 더해질 수 있는 것이지만 정신에서 뺄 수 있는 것은 아니다.

5 엔트로피 원리

평형의 원리는 체계 내에서의 교류를 설명하지만, 에너지가 흐르는 '방향'을 설명하지는 않는다. 예컨대 어째서 에너지가 자아에서 그림자나 아니마로 흐르지 않고 페르소나로 흐르는가? 이것은 어떤 사람에게 어째서 책이나 캔디를 사지 않고 구두를 샀느냐고 묻는 것과 같다. 그는 아마도 "책이나 캔디보다는 구두가 필요했기 때문"이라고 대답할 것이다. 이 대답은 정신 속의 에너지 교류에도 적용된다. 에너지가 자아에서 페르소나로 흐르는 것은 페르소나가 아니마나 그림자보다도 에너지를 더 '필요로 하기' 때문이다. 페르소나가 에너지를 더 '필요로 하는' 것은 자아, 아니마 또는 그림자에

비하면 에너지를 조금밖에 갖고 있지 않기 때문이다.

물리학에서는 에너지가 흐르는 방향을 엔트로피 원리라고 불리는 열역학 제2법칙에 의해 개념화하고 있다. 이 원리는 온도가 다른 두 물체가 접촉하면, 두 물체의 온도가 같아질 때까지 열(열에너지)은 뜨거운 물체에서 찬 물체로 흐른다는 것이다. 또 다른 예를 들어보자. 수위가 다른 두 통 간에 수로(水路)가 통해 있으면 물은 항상 물 높이가 높은 곳에서 낮은 곳으로 흐른다. 일반화하면 두 물체가 접해 있을 때는 에너지는 언제나 강한 물체에서 약한 물체 쪽으로 흐른다. 즉 엔트로피 원리에 의해 힘의 평형이 생긴다.

융은 인격의 역학을 서술하기 위해 엔트로피 원리를 응용했다. 이에 따르면 정신 속에서 에너지의 배분은 정신의 모든 구조 사이의 평형 혹은 균형을 추구한다. 가장 단순한 경우를 말하면, 두 가치(에너지의 강도)의 강도가 다르면 평형이 회복될 때까지 에너지는 강한 가치에서 약한 가치로 흐른다. 좀 더 광범위하게 말하면, 엔트로피는 완전히 균형 잡힌 체계가 이루어질 때까지 전 인격 사이의 에너지 교류를 조절한다. 물론 이 목표는 결코 완벽하게 실현되지 않는다. 만일 완벽하게 실현된다면 더는 에너지 교류가 일어나지 않을 것이다. 따라서 정신은 기능을 멈추게 될 것이다. 완벽한 엔트로피가 한 번이라도 달성되면 물리적인 세계는 동결되는 것과 마찬가지로 정신도 동결될 것이다. 모든 것이 정지할 것이다.

그러나 정신은 완전히 폐쇄된 체계가 아니기 때문에 정신 내부에서 그런 일은 일어날 수 없다. 이는 정신에는 항상 외계에서 새로운 에너지가 부가된다는 것을 의미한다. 이 부가된 에너지가 불균형을 만든다. 정신의 여러 구조 사이에 어느 정도 균형을 이뤄 인격의 역동성이 활발하지 못한 상태에서 새로운 자극이 유입되면 그것은 균형을 깨뜨리게 된다. 따라서 정지된 듯했던 감정은 긴장과 갈등으로 대치된다. 긴장, 갈등, 스트레스 등은 모두 정신 내의 불균형에서 생기는 감정이다. 구조들 사이의 에너지 불균형이 심할수록 당사자가 경험하는 긴장과 갈등은 더욱 커진다. 이와 같은 내적 갈등 때문에 자신이 산산조각날 것처럼 느낄 수도 있다. 때로는 실제로 그렇게 된다. 화산의 압력이 커지면 마침내 폭발하듯이, 긴장이 극도로 커지면 인격도 붕괴될 수 있다.

그러나 융은 본래 에너지 양이 크게 다른 두 가치 또는 구조—한쪽은 대단히 낮고, 또 한쪽은 대단히 높은—의 평형은 나중에 분리될 수 없을 만큼 강력한 통합체를 형성할 수 있다고 지적한다. 예를 들어 그림자가 강하고 아니마가 약한 남자의 경우를 생각해보자. 약한 아니마는 강한 그림자에게서 에너지를 끌어들이려고 한다. 그러나 그림자에서 에너지가 제거되어도 그 이상의 에너지가 외계에서 그림자에게 부가된다. 그 때문에 일방적이기는 하지만 갈등이 격해진다. 융에 의하면 마침내 이 갈등이 해결되고 두 구조 사이에 일종의 균형이 이루어지면 그 균형은 쉽게 무너지지 않는다. 그 상황에서 두 대립물(그림자와 아니마)의 연합물은 특히 강해질 것이다. 이 남자는 강박적으로 남자다워지려고 하기보다 행동상 남자다움과 상냥함, 강한 힘과 깊은 연민, 결단력과 세련된 감정의 혼

〈그림자의 출현〉
그림자는 의식에 의해 부정된 것, 빛에 대한 어두움, 선에 대한 악, 인간에 대한 괴수 등으로 나타난다. 이 그림에서 마루의 흑백은 대립물이 결합한 것, 즉 그림자가 통합된 것을 암시하고 있다.(《적서》에서 발췌)

합을 나타낼 것이다. 이런 결과는 그래도 다행이지만, 갈등이 지속되고 대립물이 연합되지 않는 경우가 더 많다.

그림자와 아니마처럼 대립되는 두 구조 사이에서 오히려 강한 결합이 이루어지는 현상은 인간 관계에서도 찾아볼 수 있다. 처음에는 크게 대립하고 있던 두 사람 사이에 매우 굳건한 관계가 성립되는 경우가 종종 있다. 두 사람은 많은 싸움을 해야 했지만, 어느 날 모든 싸움이 종결되어 건실하고 영속적인 우정이 확립된다. 그러나 이것도 전형적인 과정은 아니다. 싸움이 계속되거나 혹은 점점 더 심해져서 관계가 끊어지기도 한다.

하지만 정신 내부의 갈등과 인간 관계의 갈등을 비교하는 것이 단순한 유추(類推)만은 아니다. 항상 그런 것은 아니지만 융이 지적한 것처럼 다른 사람들(혹은 동물이나 사물)과의 갈등은 흔히 우리 자신의 인격 내부에서 일어난 갈등의 투사이기 때문이다. 아내와 싸우고 있는 남편은 자기 자신의 아니마와 싸우고 있는 중이다. 어떤 일을 죄악이라고 보거나 부도덕하다고 보고 맹렬히, 또는 광신적으로 반대 운동을 하고 있는 사람은 자기 자신의 그림자와 싸우고 있는 것이다.

앞서 말한 바와 같이 외계에서 온 자극에 의해 에너지가 부가되면 정신 내부에 긴장이 조성될 수 있다. 정상적인 조건에서는 이 새로운 에너지가 정신에 잘 수용되어 큰 혼란을 일으키지 않는다. 그러나 만일 불균등한 에너지 분배 때문에 이미 정신이 불안정하거나 또는 자극이 처리할 수 없을 만큼 강하거나 하면, 개인은 자기 자신의 주변에 벽을 쌓아 자기를 지키려고 할 것이다. 융은 정신병원에 근무하고 있는 동안 정신병 환자의 감정 둔화를 관찰했다. 그들은 보통 사람이라면 정서 반응을 일으킬 상황에 아무런 감정적 반응도 보이지 않았다. 이 벽이 무너졌을 때 비로소 감정 반응이 나타나며, 이는 때때로 난폭한 형태로 분출되기도 한다.

정상적인 사람들은 마음을 교란시키는 상황에서 자기 자신을 지키기 위한 방법들을 가지고 있다. 이를테면 그들은 마음의 문을 닫음으로써 자신이 믿고 있는 것을 뒤흔드는 일에는 귀를 기울이려 하지 않는다. 그들은 때때로 뿌리깊은 편견을 갖고 있다. 고정된 정신 상태로 있는 것이 마음 편하기 때문에 보수적이며, 변혁을 받아들이지 않는다. 그들은 새로운 경험에 대해 마음의 문을 닫음으로써 완전한 엔트로피 상태에 이를 수 있다. 그러나 앞에서도 말한 바와 같이 그와 같은 상태는 폐쇄계에서만 일어날 수 있다.

흔히 '청춘의 폭풍'이니 '노년의 평온'이니 하고 말한다. 청년이 열광하는 것은 외계 및 신체적인 원천에서 비롯된 에너지가 대량으로 정신에 흘러들어오기 때문이다. 예를 들어 청년기에 접어들면서 사춘기에 일어났던 생리학적 변화나 가족과의 결합이 풀어지게 됨에 따라 겪게 되는 여러 가지 새로운 경험에 대해 생각해보자. 엔트로피 원리는 정신에 흘러들어오는 대량의 에너지를 제때에 적절히 처리할 수 있을 만큼 신속하게 작용하지는 못한다. 이처럼 새로운 경험에 의해 끊임없이 새로운 가치가 만들어지기 때문에 정신의 여러 가치는 쉽게 균형 상태에 도달할 수 없다. 엔트로피 원리는 방금 만들어진 새로운 가치에 재빨리 접근하려고 하지만, 그 일을 마치기도 전에 새로운 경험에 의한 결과로 또 다른 새로운 가치가 나타난다. 혹은 제3의 가치가 나타나 처음 두 가치 사이에서 에너지 배분을 다시 해야 이전의 두 가치가 일종의 균형에 도달하기도 한다. 이때 불확실, 곤혹, 갈등, 불안정, 근심, 혼란의 감정이 투사되어 배반감, 침울, 불예측성, 충동성 등의 형태를 취하게 된다. 융은 청년의 정신 속에서 에너지들이 무질서한 간만(干滿)을 이루는 상태에서는 무슨 일이든 일어날 수 있다고 말하고 싶었을 것이다.

'노년의 평온'에 대해 말하자면, 사실상 나이는 아무 관계도 없다. 노인이 평온한 것은 여러 가지 일을 경험하고 나서 그 경험들과 일체가 되어 조화를 이룸으로써 이를 인격 속에 받아들였기 때문이다. 노인에게는 새로운 경험이 혼란을 일으키지 않는다. 청년의 경우와 달리 새로운 경험이 부가하는 에너지가 정신 속의 기존 에너지의 전체 양보다 적기 때문이다.

인격의 역학 속에서 엔트로피 원리가 작용하는 것을 방해하는 요인이 또 하나 있다. 어떤 구조가 고도로 발달하여 정신에서 커다란 힘을 갖게 될 때, 그것은 정신의 나머지 부분에서 독립하여 떨어져 나가게 된다. 그 구조는 독재자처럼 다른 여러 가지 구조에서 점점 힘(에너지)을 빼앗고, 정신에 들어오는 새로운 에너지도 독점한다. 이렇게 해서 강한 구조에서 약한 구조로 향하는 에너지의 흐름이 차단될 뿐만 아니라, 그와 반대 방향으로 흐르게 만들기도 한다. 따라서 정신은 몹시 불균형한 상태가 되어, 지배적 구조는 점점 더 강해지는 반면 많은 약한 구조들은 점점 더 약해진다. 재정이 풍족하고 강한 나라가 새로운 부의 원천을 발견하여 독점함으로써 더욱 풍족해지고 강해지는 것과 같이, 강한 콤플렉스는 새로운 경험의 대부분을 끌어들인다. 인격 내부의 이와 같은 독재가 일시적으로는 안정 요인이 될 수도 있다. 그러나 엔트로피 작용 원리에 의해 지배적 콤플렉스가 뒤집힐 위험은 항상 존재한다. 강한 체계에서 에너지가 갑자기 유출되면 댐이 터지는 것처럼 재앙을 가져올 수도 있다.

융은 극단적인 상태는 모두 그 대립물을 내포하고 있으며, 가끔은 매우 지배적인 어떤 가치가 갑자기 정반대 가치로 전환되는 경우도 있다고 지적한다. 예를 들어 강한 권력 콤플렉스를 가지고 있는 사람이 갑자기 비굴하고 굴종적인 사람으로 변할 수도 있다. 혹은 페르소나가 매우 발달되어 있는 사람이 가면을 벗어버리고 사회의 골칫덩어리가 되기도 한다. 융은 정신분석학자로서 환자의 인격이 갑자기 변하는 것을 관찰할 기회가 많이 있었다. 이러한 인격 및 행동의 극적인 변화는 엔트로피의 작용 원리에서 비롯된다. 콤플렉스나 그 밖의 구조에 대량으로 축적되었던 에너지가 갑자기 그 콤플렉스에서 유출되어 그 대립물로 흘러들어가 축적되기도 한다. 지나치게 발달한 구조가 예외 없이 불안정한 것은 이 때문이다.

엔트로피 원리에 대한 심리학적 대응물은 '자기'다. 앞서 말한 바와 같이 자기란 인격의 여러 구조를 통합하는 임무를 가지고 있는 원형이다. 그리고 융은 제3의 통합 기능, 즉 '초월적 기능'을 제안하고 있다. 이에 대해서는 다음 장에서 서술할 예정이다.

6 전진과 퇴행

정신역동학에서 가장 중요한 개념 중 하나는 정신 에너지의 전진과 퇴행이다. 선진은 당사지의 심리적 적응을 발달시키는 일상의 경험이라고 정의할 수 있다. 어떤 인격이 심리적 발달을 완전히 달성하고 있는 것처럼 보인다 해도 이는 당사자의 의식적 행동을 실제적인 정신 적응으로 잘못 이해한 것이다. 환경과 경험은 끊임없이 변하므로 인간의 전진은 연속적인 과정이며, 따라서 그 적응이 완전히 달성되는 일은 절대로 없다.

리비도의 전진은 환경 조건의 요청과 일치되어 있다고 말할 수 있다. 태어난 순간부터 인간은 특정한 심리적 기능을 수행하는 소인에 의해 세계와 만난다. 처음부터 특정한 방향을 잡고 있으므로, 정신이 나가는 방향은 일방적이다. 이 기능의 일방성이 전진 과정을 통해서 지나치게 지배적이 되고 강해지면, 그 기능은 가능한 모든 경험과 정신 에너지를 끌어들일 것이다. 그러나 이 기능만으로 적응할 수 없게 되면, 새로운 기능이 요구된다. 예를 들면 감정이 지배적인 기능일 때 새로운 상황은 적절한 적응을 위해 사고(思考)에게 방향 제시를 요구할 수 있고, 이때 감정은 부적절해질 수 있다. 이 경우 감정적 태도는 힘을 잃고, 정신 에너지는 기능상 전진을 그만둘 것이다. 따라서 힘을 잃기 전까지 존재하고 있던 안정성과 확실성은 무너지고, 그 후에 무질서한 여러 정신적 가치가 혼합된다. 따라서 당사자는 '오리무중'이 되어버린다. 모든 주관적인 내용들과 반응들이 축적되고 정신은 잔뜩 긴장하게 된다.

리비도를 본래대로 전진시키기 위해서는 두 개의 대립되는 기능─이 경우에는 감정과 사고─을 통일할 필요가 있다. 사고와 감정은 상호작용하고 서로 영향을 미치는 상태에 이르러야만 하며, 이렇게 해서 정신 기능이 불균형을 이루는 것을 방지해야 한다. 이것이 이루어지지 않으면 정신 에너지는 움직일 수 없게 되고, 두 대립물은 동등해질 수 없다.

만일 퇴행 과정이 개입하여 갈등을 저지하지 않으면 대립물들의 싸움은 무한히 계속될 것이다. 퇴행이란 리비도의 후퇴 운동으로 대립물들이 충돌하고 상호작용을 되풀이하는 가운데 퇴행 과정에 의해 서서히 그 에너지를 상실한다(이를 '무력화'라고 한다). 전진은 정신 요소에 에너지를 '부가'하지만, 퇴행은 정신 요소에서 에너지를 '빼앗는다.' 이 위기 동안에 퇴행을 통해 대립물들은 지속적으로 가치를 잃고 점차 새로운 기능이 발달한다. 이렇게 새로 발달한 기능은 처음에는 우리의 의식 행동에 간접적으로만 모습을 나타낸다. 앞서의 예를 들어 설명하면 새로운 기능이란 감정을 대신하고 있는 사고(思考)이다.

사고라는 이 새로운 기능은 퇴행에 의해 활동을 시작한다. 사고가 의식에 도달했을 때, 사고는 어떤 낯설고 위장되고 생경한 형태로 나타난다. 융의 아름다운 표현을 빌려 말하면, "깊은 골짜기의 진흙으로 덮여 있을 것"(Vol.8, p.34)이다. '깊은 골짜기'란 의식이 솟아나기 전에 사고 기능이 놓여 있던 깊은 무의식 상태를 말한다. 감정이 상위 기능인 동안은 모든 것이 이 감정 기능을 지향하고 있다. 따라서 모든 요소가 사고 기능과 같은 다른 기능과의 상호작용에서 조심스럽게 배제되어 있다. 그러므로 사고 기능은 발달할 기회가 없다. 감정 기능이 상위에 있는 한 사고 기능은 사용되지 않고 훈련되지 않은 채 미분화 상태에 머물러 있다.

퇴행에 의해 무의식적 기능이 활동하기 시작하면, 그 새로운 기능은 외적 적응이라는 문제에 직면하게 된다. 일단 새로운 기능이 이 최초의 적응에 성공하면, 리비도의 전진이 재개된다. 매일의 전진에 의해 이전의 감정 방향이 확실감과 안정감을 발달시킬 수 있었던 것과 마찬가지로, 새로운 사고 방향도 전진을 통해서 확실감과 안정감을 발달시킬 수 있게 된다.

적응은 외계에서 일어난 일에만 필요한 것이 아니다. 인간은 자신의 내적 정신 세계에도 적응해야 한다. 지금까지의 예에서처럼, 감정이 상위 기능이라면, 무의식에 대한 자신의 방향 설정은 사고 형태가 될 것이다. 처음에는 그것만으로도 충분할지 모른다. 그러나 장기적으로 볼 때 그것이 항상 적절하다고만은 할 수 없으며 감정 기능도 필요하다. 외부 세계에 대한 적응도 필요하지만 내적인 정신 세계에 대한 적응이 필요한 것과 마찬가지다.

융에 따르면 "인간이 외계의 요청에 이상적으로 응할 수 있는 것은 자기 자신의 내면에 적응해 있을 때뿐이다. 다시 말해 자기 자신과 조화되어 있을 때뿐이다. 반대로 인간이 자기 자신의 내면에 적응하여 자기 자신과 조화를 이룰 수 있는 것은 환경의 여러 가지 조건에 적응하고 있을 때뿐이다."(Vol.8, p.39) 이 두 가지 적응의 상호 의존 관계란 한편을 소홀히 하면 반드시 다른 한편도 해치게 된다는 것을 의미한다. 유감스럽게도 현대 생활에는 내적인 적응이 없이는 외적인 적응도 달성할 수 없다는 것을 잊어버릴 정도로 스트레스가 많다. 훌륭한 적응을 위해서는 전진과 퇴행 모두 필수적이다.

융은 퇴행이 유익한 경우도 있다고 지적한다. 많은 종족적 지혜를 포함하고 있는 원형에 활기를 주기 때문이다. 이 종족적 지혜는 종종 인간이 현재의 생활에서 직면하고 있는 긴박한 문제들을 해결할 수 있게 해준다. 예를 들어 영웅의 원형에서 인간은 절망적인 위기에 대처하는 데 필요한 용기를 얻을 수 있다. 융이 때때로 은둔 또는 칩거의 시기를 가지라고 권유하는 것은 여러 가지 삶의 문제에서 도피하라는 뜻이 아니라, 무의식의 저장소에서 새로운 에너지를 찾아내라는 뜻이다. 우리는 밤마다 잠자리에 드는 것으로 그렇게 하고 있다. 수면은 무의식에 빠지는 기회인데 무의식은 꿈으로 나타난다. 불행히도 현대인은 자신의 꿈에 내재해 있는 힘과 지혜에 충분한 주의를 기울이지 않는다.

융은 전진과 발달을 혼동하지 말라고 환기시킨다. 전진이란 에너지가 흐르는 방향을 말하고, 발달이란 여러 구조의 분화(개성화)를 가리킨다. 퇴행과 전진은 바닷물의 밀물이나 썰물과 유사하다. 물론 전진이나 퇴행은 여러 구조에 활기를 줌으로써 간접적으로 발달에 영향을 준다.

전진과 퇴행 및 외향성과 내향성은 표면상 비슷하게 보이지만 역시 혼동해서는 안 된다. 실제로 전진과 퇴행은 각각 외향적인 형태에서도, 내향적인 형태에서도 일어날 수 있다. 전진과 퇴행은 에너지 개념이며, 정신의 형식적 구조나 요소를 나타내는 것은 아니다. 이에 대해서는 마지막 장에서 서술하려 한다.

7 에너지 통로

물리적 에너지와 마찬가지로 정신적 에너지도 일정한 경로를 따라 전달되고 전환되며 변형된다. 융의 용어로 말하면 이를 '통로 형성'이라고 표현할 수 있다.

물리적 에너지와 비교해보면 통로 형성의 개념을 분명히 알 수 있을 것이다. 폭포는 그냥 바라볼 때는 아름다운 경치일지도 모르지만, 그 미적 가치를 제외하면 자연 그대로는 인간에게 거의 쓸모가 없다. 폭포 위쪽의 물을 발전소의 터빈과 연결되어 있는 파이프로 흘렸을 때 전기가 발생한다. 이 전기는 전선을 통해 전해지고 여러 가지 목적에 사용된다. 인간은 항상 인간에게 유용한 일을 위해 에너지를 동력화해왔다. 인간의 기술 가운데 어떤 것은 범선을 움직이기 위해 바람을, 난방을 위해 장작이나 석탄을, 수차를 돌리기

위해 물을 사용하는 것처럼 극히 간단한 것이다. 물론 연소 엔진이
나 증기 터빈을 작동시키기 위해 가솔린과 여타 연료를 사용한다거
나 최근에는 원자력 발전소를 가동하는 것처럼 복잡한 기술도 있
다. 육체는 음식물에서 에너지를 생성해 근육 운동 에너지로 전환
한다. 정신 역시 에너지를 전환하거나 통로를 통해 전달한다. 융의
이론을 빌려 그것이 어떻게 이루어지는지 살펴보자.

　자연 에너지의 원천은 본능이다. 본능적 에너지도 폭포와 마찬가
지로 그 자체의 경로 또는 기울기에 따라 흐르지만, 폭포와 마찬가
지로 아무 일도 하지 않는다. 일을 하기 위해서는 새로운 통로로 이
자연 에너지의 흐름을 바꿔주어야 한다. "발전소가 폭포를 모방하
여 에너지를 얻어내는 것처럼 정신 메커니즘도 본능을 모방하여 그
에너지를 특별한 목적에 사용한다……. 본능적 에너지의 변형은
'본능의 대상과 유사한 것'으로 그것의 통로를 형성함에 따라 이루
어진다."(Vol.8, p.42) 이 유사한 것을 융은 '상징'이라고 부른다.
발전소는 폭포의 상징이다.

　융이 말하는 일이 무엇을 의미하는지 잠시 생각해보자. 완전히
본능적인 생활을 하고 있는 사람—즉 문명인과 대조적인 자연인
—은 동물과 마찬가지로 언제나 자신의 본능적 요구에 따라 살고
있다. 배가 고프면 먹고, 목이 마르면 마시고, 성적으로 흥분하면
성교하고, 두려움을 느끼면 도망치고, 화가 나면 때리고, 피로하면
잠들 것이다. 강물이 산과 들을 지나 아래로 흐르고, 연기가 위로
솟아오르며, 연어가 물결을 거슬러 올라와 알을 낳고, 철새가 겨울

이 되면 남쪽으로 이주하는 것과 마찬가지로 그런 사람은 자신의 본능적 에너지를 흐르게 하는 원칙에 따라 살아갈 것이다.

자연 그대로의 상태에서라면 인간은 문화, 상징 형식, 기술 발달, 사회 체계, 학교, 교회 등을 갖지 못했을 것이다. 융이 말하는 일이란 자연적 에너지가 문화적 또는 상징적 통로로 전류(轉流)되는 것을 말한다.

이 전류는 어떻게 일어나는가? 융은 모방 또는 유사물 형성에 의해서라고 말한다. 어떤 것은 다른 어떤 것과 비슷하다. 예를 들면 힘의 물리학적 개념의 기원은 우리 자신의 근육의 힘에 대한 지각(知覺) 속에서 발견된다.

오스트레일리아의 어떤 부족이 행하는 봄의 의식은 통로 형성의 예를 보여준다. "그들은 지면에 달걀 모양의 구멍을 파고, 주위에 덤불을 놓아 여자의 성기처럼 보이게 한다. 그러고 나서 발기한 페니스처럼 창을 앞으로 내밀고 그 구멍 주위에서 춤을 춘다. 춤을 추면서 그들은 "구멍이 아니야, 구멍이 아니야, 음부야……" 하고 소리치고 구멍에 창을 꽂는다. 이것이 춤을 수단으로 하여 성 행위를 모방함으로써 에너지 통로를 형성하고, 에너지를 본래 대상과 유사한 것으로 전이시키는 행위라는 데는 의심의 여지가 없다."(Vol.8, pp.42~43)

이 밖에도 통로 형성에 대한 수많은 예가 있을 것이다. 푸에블로 인디언의 들소 춤은 사냥하러 가는 젊은이들을 위한 준비의식이다. 그것은 용기를 북돋워준다. 오스트레일리아의 아룬타 족은 같은 부족 사람이 다른 부족 사람에게 살해되면 의식을 행한다. 그 의식은 복수를 위해 선택된 사나이들의 입과 성기에 살해된 자의 머리칼을 칭칭 감는 것이다. 이 의식을 통해 그들의 분노는 더욱 솟구쳐 살해자를 찾아내려는 결의를 높인다. 미개 민족에게서는 이와 같이 풍작, 기우, 악령으로부터의 수호, 전쟁 준비, 다산 등 힘이나 건강을 얻기 위한 의식과 춤을 많이 볼 수 있다. 이러한 의식의 복잡성은, 정신 에너지를 일상적인 습관의 자연스러운 흐름에서 어떤 새로운 활동으로 전류시키는 데 얼마나 많은 주의가 필요한지 보여주고 있다. 그것은 수력을 전력으로 전환하는 데 필요한 노력에 비견될 만하다.

이러한 의식의 가치는 해야 하는 일—들소 사냥이나 곡식을 심는 일—로 주의를 돌리고, 성공의 기회를 높이는 데 있다. 의식은 인간에게 앞으로 하려는 일에 대해 마음의 준비를 시키는 일종의 준비 체조와 같은 역할을 한다.

융은 상징이란 본래의 사물과 '비슷하지'만 '같지'는 않다는 점을 잊어서는 안 된다고 말한다. 양쪽 기슭 사이를 흐르는 강물이 전선을 통과하는 전류와 비슷하기는 하지만, 전기는 물이 아니다. 춤이 성교와 비슷하기는 하지만 성교는 아니다. 나무에 구멍을 뚫고 불을 피우는 행위가 성 행위와 비슷하기는 하지만 성 행위는 아니다. 문화적·기술적인 활동은 그 기원에 있어서는 본능적인 활동과 비슷하기는 하지만, 일단 발생되고 발달한 다음에는 자신의 독립된 성질과 특징을 갖는다. 인간의 상징 형성 경향에 대해서는 제6장에서 더욱 자세히 서술할 예정이다.

융이 관찰한 바에 따르면 현대인은 의식보다는 '의지'에 의존하고 있다. 현대인은 무엇인가를 하려고 결심하고, 결심한 것을 실행하거나 실행하는 방법을 배운다. 현대인도 새로운 일을 시작하면서 그 일이 잘될지 어떨지 걱정스러울 경우에는 의식이나 마법에 의존하지만 심심풀이 외에는 춤을 추거나 노래를 하면서 시간을 낭비하지 않는다.

이런 '의지 행위'도 본래의 본능과 유사한 것(상징)을 만들어낸다. 이 유사한 대상 또는 활동은 상상력을 자극하고 고무하는 효과가 있으며, 그 때문에 정신은 여기에 몰두하고 매혹당하고 사로잡힌다. 이것은 정신이 그 대상에게 모든 활동을 하도록 자극하며, 그런 활동이 없었더라면 알아차리지 못했을 것들을 그 대상에게서 발견하게 만든다.

현대 과학은 원시적인 마법에서 생겨났다고 융은 말한다. 과학의 시대는 자연 현상을 지배하고자 했던 옛날 옛적의 꿈을 실현한다. 본능에서 비롯된 에너지를 과학적인 상징으로 흐르게 함으로써 인간은 세계를 바꿀 수 있게 되었다. 융이 말한 것처럼 "단순한 본능적 에너지의 흐름을 유용한 일에 이용하는 데 매우 중요한 수단이 되는 상징에 대해 경의를 표할 이유는 너무나 많다."(Vol.8, p.47)

물리적인 자연에서는 매우 작은 에너지조차 효과적인 일 에너지로 변용시킬 수 있다. 그러나 실제로 사용되는 자연의 에너지는 매우 적고, 훨씬 많은 부분이 자연 상태로 머물러 있다. 본능적 에너지에도 똑같은 조건이 해당된다. 극히 작은 에너지로도 상징을 만들 수 있으며, 에너지의 대부분은 자연스러운 흐름을 계속하여 통상적인 인생 행로를 지속한다. '의지 행위'에 의해 리비도(정신 에너지)의 일부를 변용시킬 수 있는 순간은 에너지를 전류시킬 수 있을 만큼 강한 상징을 생각해낼 때뿐이다.

리비도는 주로 인격 체계를 유지하는 데 사용되지만, 그래도 일정한 양의 에너지는 사용되지 않고 남아 새로운 상징을 만드는 데 이용된다. 이 잉여 리비도는 인격 체계가 에너지 강도의 차이를 완전히 고르게 할 수 없었을 때 생긴다. 예를 들어 에너지 가치가 페르소나에서 아니마로 전이되었는데 아니마가 그 에너지 가치를 완전히 받아들이지 못하면, 약간의 에너지가 남게 된다. 새로운 상징(유사한 것)을 만들어내거나 혹은 통로를 형성하는 데 이용되는 것은 이 잉여 리비도이다. 이 상징들은 우리를 새로운 활동, 흥미, 발견, 생활양식으로 이끌어준다. 잉여 리비도는 인간을 자연의 본능적 상태에서 미신과 마법의 시대를 거쳐 현재의 과학, 기술 및 예술의 시대에 도달할 수 있게 했다. 물론 잉여 리비도가 파괴적이고 악마적인 목적을 위해 사용되기도 한다. '의지 행위'는 창조하기 위해서 사용되는 것과 마찬가지로 파괴하기 위해서도 사용될 수 있다.

8 요약

정신은 상대적으로 폐쇄된 에너지 체계이다. 1차적으로 정신은 주로 감각 기관을 통해 정신으로 들어오는 경험들에서 그 에너지(리비도)를 이끌어낸다. 제2의 원천은 본능적 에너지이지만, 이 에너지의 대부분은 순수하게 본능적인 또는 자연스러운 생활 활동을 위해 사용된다. 정신의 어떤 요소에 투여된 에너지의 양을 그 요소의 '가치'라고 부른다. 가치의 강도는 상대적으로는 평가할 수 있으나 절대적으로는 측정할 수 없다.

정신 내부의 에너지 배분은 두 원리에 의해 결정된다. '평형'의 원리에 따르면, 어떤 정신 요소에서 상실된 에너지는 다른 정신 요소에서 같은 양의 에너지로 나타난다. '엔트로피' 원리에 따르면 에너지는 두 가치가 같아질 때까지 높은 가치의 요소에서 낮은 가치의 요소로 흐른다.

리비도는 두 방향 중 어느 쪽으로든 흐를 수 있다. 외적 상황에 적응하는 방향으로 흐르는 경우를 '전진'이라고 부르고, 무의식적 재료를 활동시키는 방향으로 흐르는 경우를 '퇴행'이라고 한다. 새로운 활동이 본능적 활동과 비슷하면(그 본능의 상징이면) 본능적 에너지를 그 새로운 활동에 전용할 수 있다. 이를 '통로 형성'이라고 부른다.

융 심리학의 정신 역동성에 관한 핵심적 개념들은 정신 에너지(리비도), 가치, 등량, 엔트로피, 전진, 퇴행, 통로 형성이다.

4장

인격의 발달

정신요법가가 인격의 발달 과정을 분명하게 알고 있어야 하는 이유는 두 가지다. 첫 번째 이유는 치료자가 보는 환자는 일반적으로 어린이에서 노인에 이르기까지 모든 연령층에 걸쳐 있기 때문이다. 청년의 정신 상태는 노인과는 다른 발달 단계에 있다. 따라서 청년이 치료자에게 가지고 오는 문제는 노인이 도움을 필요로 하는 문제와는 다르다. 인생 전반기에 있는 사람의 문제는 본능적 적응과 관련이 있으며, 인생 후반기에 있는 사람의 문제는 자기 존재에 대한 적응과 관련이 있다.

두 번째 이유로는 환자의 성장을 촉진해야 정신요법이 치료 효과를 나타낸다는 것을 들 수 있다. 따라서 성장한다는 것은 무엇을 말하는가, 성장 과정이란 무엇인가, 성장을 추구하려면 어떻게 해야 하는가 등에 관한 지식은 정신요법가에게 대단히 중요하다.

융은 많은 경험을 통해 인격의 발달에 관한 기본 개념을 만들었다. 이 장에서는 이 개념들에 대해 검토할 것이다.

1 개성화

개인의 인생은 미분화된 전체성의 상태에서 시작된다. 그래서 씨앗이 식물로 성장하는 것처럼 개인은 점차 분화하여 충분히 균형잡히고 통일된 인격으로 발달한다. 융에 의하면 예수나 석가 정도밖에 없을 정도로 완전한 분화, 균형 및 통일의 목표에 도달한 사람은 매우 드물다. 그러나 적어도 그것은 발달이 추구하는 방향이다. 완전히 자기인 상태 혹은 자기 실현을 향한 이 노력은 원형적인, 즉 타고난 것이다. 이 일관된 원형의 거센 영향에서 벗어날 수 있는 자는 없지만, 어떤 과정을 거쳐서 그것이 표현되고 어느 정도로 목표 실현에 성공하는가는 사람에 따라 다르다.

융의 발달 개념에 있어서 주안점은 '개성화'다. 제2장에서 서술한 여러 가지 인격 체계는 일생 동안 점점 더 개성화되어간다고 한다. 즉 각각의 체계가 서로 다른 모든 체계에서 분화되어갈 뿐만 아니라, 더욱 중요한 점은 그 각각의 체계들은 그 자체 속에서도 분화된다는 것이다. 유충이 나비가 되는 것처럼 체계는 단순한 구조에서 복잡한 구조로 발달해간다. 복잡한 구조란 여러 가지 방식으로 자신을 표현할 수 있는 구조를 말한다. 예를 들어 미발달된 자아가 의식화되는 방법은 몇 가지 안 되는 단순한 것들이다. 개성화됨에 따라서 자아의 의식적 행위의 종류는 크게 늘어난다. 개성화된 자아는 여러 세계에 대해 세밀히 분별하여 지각할 수 있고, 여러 가지

부처상

인도를 여행한 후 융은, 인도에 있는 가장 위대한 것 두 가지는 북히말라야 산맥과 남방의 부처의 정신이라고 썼다. 융에게 석가는 우리 속에 있는 '자기'의 구현자이며, 그 광대무변한 참된 존재를 의식적으로 통찰함으로써 부처(깨달은 자)가 된 위대한 인물이었다.

사고방식의 미묘한 연결들을 파악하고, 또 객관적인 현상들의 의미를 좀 더 깊이 알아차린다.

같은 방식으로 페르소나, 아니마, 그림자 등 집단 무의식의 원형 그리고 개인 무의식의 콤플렉스도 개성화됨에 따라서 미묘하고 복잡한 방법으로 자신을 표현한다. 인간은 끊임없이 더욱 나은 상징을 탐색하고 있다는 융의 주장은 개성화가 진행됨에 따라서 더욱 정교하고 더욱 세련된 돌파구가 필요하게 된다는 것을 의미한다. 예를 들어 어린이는 자장가나 단순한 놀이에도 만족하지만, 개성화된 어른은 만족하지 못한다. 어른에게는 종교, 문학, 미술, 사회 제도 등 더욱 복잡한 상징 체계가 필요하다.

개성화는 타고난 것으로, 자율적으로 실행된다. 그것이 실행되는 데 있어서 외적 자극은 필요하지 않다. 신체가 성장하도록 정해져 있는 것처럼 인격은 개성화되도록 정해져 있다. 또한 신체가 건전하게 성장하기 위해서는 적절한 음식물과 운동이 필요한 것처럼, 인격이 건전하게 개성화되기 위해서는 적절한 경험과 교육이 필요하다. 그리고 음식물이 부적당하거나 운동이 부족하면 신체의 성장이 저지되고 기형적으로 변하고 병약해지는 것처럼, 경험과 교육에 결함이 있으면 인격은 왜곡된다.

예를 들어 융이 지적하고 있는 것처럼, 현대 세계는 그림자의 원형이 개성화되기 위한 적절한 기회를 제공하지 않는다. 어린이가 동물적인 본능을 표출하면 대체로 부모에게 벌을 받게 된다. 그러나 벌을 받았다고 해서 그림자의 원형이 소멸되는 것은 아니다. 어떤 것도 그것을 소멸시킬 수 없으며, 단지 억압될 뿐이다. 그림자는 인격의 무의식 영역에 되돌아가 원시적인 미분화 상태로 머물게 된다. 그러다 그것이 억압의 장벽을 돌파하면—때때로 그렇게 되지 않을 수 없다—그림자는 흉측한 병으로 모습을 나타낸다. 근대전(近代戰)에서 나타난 야만적인 가학성과 포르노 작품의 노골적인 음란성은 미분화된 그림자가 작용한 좋은 예다.

인격 체계는 의식화되어야만 개성화될 수 있다. 아마도 교육의 궁극적인 목표는 무의식적인 것을 의식화하는 데 있을 것이며, 또 교육은 마땅히 그래야 한다. 교육이란 말의 어원이 보여주는 것처럼〔education은 라틴어로 '잠재해 있는 것을 이끌어낸다'는 의미〕 개인에게 이미 생기려 하는 것을 이끌어내는 것이지, 빈 그릇에 지식을 채우는 것은 아니다.

건강한 발달을 위해서는 인격의 모든 면에 균등하게 개성화 기회를 주어야 한다. 인격의 한 면을 경시하면 그 무시당한 면은 이상한 방법으로 자신을 표현할 수단을 찾아내게 될 것이다. 어떤 하나의 체계가 지나치게 팽창하면 인격은 균형을 잃게 될 것이다. 인습적인 행동 기준에 중점을 두고 어린이를 양육하는 사람들의 경우를 생각해보자. 그 어린이는 전통적인 가치 체계에 따라 행동하라는 가르침을 받게 될 것이다. 따라서 그 어린이는 좋아하지 않는 것을 좋아하는 척하고, 좋아하는 것을 좋아하지 않는 척하게 된다. 융의 표현대로라면, 이 어린이는 팽창된 페르소나를 발달시키고 있는 것이다. 이런 방식으로 양육된 사람의 의식적인 행동은 열의, 활기,

자발성의 결여 등의 특성을 나타낸다. 그는 하나의 가면에 불과하고 사회의 꼭두각시일 뿐이다.

정신요법이란 기본적으로 개성화 과정이다. 《심리학과 연금술》에서 융은 어떤 환자의 꿈과 환상에 표현된 개성화 과정을 탐구하고 있다. 〈개성화 과정의 연구〉(Vol.9i)라는 논문에서 융은 자신에게 치료를 받고 있던 중년 여성이 그린 일련의 수채화를 통해 나타나는 '개성화'를 소개하고 있는데 이 수채화는 만다라(曼茶羅) 형태를 하고 있다. 만다라란 기묘하게 균형 잡힌 구도를 보여주는 원(圓)으로서, 정신을 나타낸다. 따라서 그 연속된 구도를 분석하면 이 여성의 개성화 과정이 해석된다. 융은 환자들에게 만다라 도형을 그리게 하는 것이 때로 진정(鎭靜) 효과를 가져온다는 사실을 관찰했다. 융은 〈만다라의 상징에 대하여〉(Vol.9i)라는 논문에서 53개의 만다라 도형을 소개하고 있다.

2 초월과 통합

인격의 통합은 융 심리학의 중요한 주제들 가운데 하나다. 인격이 그처럼 많은 체계로 이루어져 있고, 적어도 그 중 몇 가지는 대립되어 있을 때, 어떻게 통합이 달성되는 것일까? 예를 들어 그림자와 페르소나가 어떻게 통합된 전체의 일부분이 될 수 있는지는 알기 어렵다.

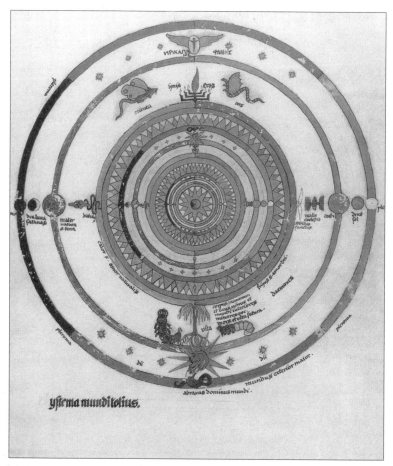

융이 처음으로 그린 만다라(1916년)

하늘과 땅, 여성성과 남성성, 생과 사, 빛과 어두움이라는 여러 가지 대립물이 배치되어, 커다란 세계에서 내면 중심으로 향하는 인간의 개성화 과정을 묘사하고 있다.

바로 앞에서 말한 것처럼 통합으로 가는 첫걸음은 인격의 '모든' 면을 개성화하는 것이다. 제2단계는 융이 '초월 기능'이라고 부른 것에 의해 조절된다. 이 기능은 대립되는 인격의 여러 가지 경향을 모두 통일하여 전체성의 목표를 지향하게 하는 능력을 갖추고 있다. 융은 초월 기능의 목적이 "본래 태아의 배원질(胚原質)에 숨어 있던 인격을 모든 면에서 실현하고, 본래 잠재해 있던 전체성을 개화시켜 결실을 맺게 하는 데 있다"고 쓰고 있다. 즉 초월 기능에 의해 통일 또는 자기 원형의 실현이 이루어진다. 개성화 과정과 마찬가지로 초월 기능도 태어나면서부터 인간에게 존재한다.

앞에서 개성화와 통합은 다른 과정이라고 말했지만, 실제로 두 과정은 인격 발달에서 보조를 같이하는 공존 과정이다. 두 과정이 합쳐져서 궁극적으로 완벽하게 현실화된 자기를 달성한다.

남성 인격의 남성다운 측면과 아니마와의 통합을 고찰함으로써 초월에 대해 설명해보기로 하자. 이 두 요소는 각각 (억압되지 않고) 의식적 행동에서 표현되어 개성화되도록 허용되는 동시에, 이 둘은 또한 혼합체를 형성하려는 경향을 나타낸다. 즉 각각의 의식적인 행동은 남성 본성의 두 측면을 표현하지만, 대립이나 분리가 아니라 조화로운 혼합을 형성한다. 그러나 아니마와 남자다움을 통합한 남성이란 때로는 남성적으로 행동하고, 때로는 여성적으로 행동하는 사람을 말하는 것이 아니다. 초월이 대립물들의 참된 통합을 달성시켜 생물학적 의미에서의 성별 차이를 없애버렸다고 말할 수 있을 것이다.

물론 완벽한 자기인 상태는 인격이 그것을 향해 나아가는 이상(理想)적인 경지일 뿐이며, 달성되는 경우는 극히 드물다.

그러므로 인격의 완전한 개성화와 통합의 실현을 방해하는 요소들에 대해 생각해보아야 한다. 융은 편협한 인격의 근저에는 유전적인 원인이 있을지 모른다고 생각했다. 인간은 태어나면서부터 강한 외향성 소인이나 강한 내향성 소인을 보유하고 있었을지도 모른다. 혹은 사고형이 아니라 감정형이 되도록 정해져 있을지도 모른다. 그의 아니마 또는 그림자는 천성적으로 강할 수도 있고 약할 수도 있다. 하지만 실제로 인격에 대한 유전의 영향 문제에 대해서는 거의 알려져 있지 않다.

물론 인격 발달에 큰 영향을 주는 또 하나의 요인은 환경이다. 다른 모든 위대한 심리학자들과 마찬가지로 융도 사회비평가였다. 그도 인격의 발달을 가로막고 왜곡하는 환경 요인을 탐구하고 분석했다. 환경이 인격의 발달을 도울 수 있다는 것도 사실이다. 환경이 개인의 유전형질들을 강화할 때, 혹은 균형이 이루어지도록 도울 때가 그러하다. 환경이 인격의 발달을 방해하는 것은 개인에게 필요한 영양소를 빼앗거나 나쁜 것들을 제공할 때이다.

A. 부모의 역할

인격의 발달을 연구한 모든 심리학자들은 부모가 어린이의 성격 형성에 매우 중요한 역할을 한다고 강조하고 있다. 드물긴 하지만 자녀 덕분에 부모도 칭찬을 받거나 비난을 받는 경우가 있다. 물론 융도 이 자명한 사실을 인정한다.

그러나 융은 어린이의 인격에 부모의 행동이 미치는 영향에 대해서 상당히 새로운 의견을 내놓는다. 우선 어린아이는 태어나서 얼마 동안은 별개의 정체성을 갖고 있지 않다는 것이다. 어린아이의 정신은 부모의 정신의 반영물이다. 그러므로 어린이의 정신은 부모의 정신적 혼란도 반영한다. 결과적으로 아동의 정신요법은 부모의 정신분석에 초점을 맞추지 않으면 안 된다. 융은 어린이의 꿈은 어린이 자신의 꿈이라기보다 부모의 꿈이라고까지 말하고 있다. 그는 어린 아들의 꿈을 통해 아버지의 정신 상태가 분석되는 사례를 기술하고 있다. 아들의 꿈은 아버지의 정신 상태를 나타내는 거울이었다.

학교에 다닐 무렵이 되면, 부모와의 동일시는 약화되고 어린이 자신의 개성이 발달하기 시작한다. 물론 부모가 어린이를 지나치게 보호하고, 어린이에게 부모의 결정을 강요하며, 어린이가 폭넓게 경험하는 것을 방해함으로써 어린이를 계속 지배하려고 할 위험도 있다. 그런 환경에서는 어린이의 개성화가 방해를 받는다.

부모 모두 또는 어느 한쪽이 어린이에게 자신의 성격을 강요하거나, 부모 자신의 정신에 결여되어 있는 면을 어린이의 인격에서 지나치게 발달시킴으로써 보상받으려 할 때도 어린이의 개성화는 방해를 받게 될 것이다. 예를 들어 내향적인 부모는 자녀가 자기들과 마찬가지로 내향적이기를 바라거나 이와는 반대로 외향적이기를 바랄지도 모른다. 어떤 경우에도 어린이의 인격은 불균형을 이루게 될 것이다. 부모가 각각 자신과 다른 정신 구조를 어린이에게 투영하려고 해서 어린이를 부모의 싸움 대상으로 삼는다면, 결과는 더욱 끔찍해질 것이다.

어머니 역할과 아버지 역할은 다르다. 남자 아이의 경우 어머니와의 관계는 '아니마'의 발달 방향을 결정하고, 아버지와의 관계는 '그림자'의 발달 방향을 결정한다. 여자 아이의 경우는 그 반대다. 부모는 모두 어린이의 페르소나 형성에 중요한 역할을 한다.

B. 교육의 영향

제1장에서 말한 바와 같이 융은 학교에 다니는 동안 여러 가지 불쾌한 경험을 했다. 특히 그를 이해하지 못한 교사들과의 관계는 고통이었다. 공부해야 했던 과목은 대부분 지루하고 따분했다.

융이 교육자들에게 한 많은 이야기에서 특히 아동기와 청년기의 정신 발달을 이해해야 한다고 강조했던 것은 아마도 자신의 학생 시절을 상기한 탓일 것이다. 융은 학생의 인격 발달에 대한 교사의 영향은 지적 발달이나 학업 성적에 대한 영향 못지않게 중요하다고 생각하고 있었다. 따라서 교사가 배워야 할 과목에 심리학을 포함시켜야 하며, 나아가 교사가 되려는 사람에게 자기 자신의 인격을 알게 할 필요가 있으며 이는 중요한 문제라고 역설했다. 그렇지 않으면 교사가 교단에 섰을 때 자기 자신의 콤플렉스와 문제를 학생들에게 투사하게 될 것이다. 어린이가 부모의 정신적인 문제를 반영하는 것과 마찬가지로 학생은 교사의 정신적인 문제를 반영한다.

하지만 융은 모든 교사에게 분석요법을 받게 하는 것은 무리가 있으므로, 적어도 교사는 매일 자신의 꿈을 기록하여 무의식에서 분출되는 교훈을 얻기 위해 힘쓰라고 촉구하고 있다.

융은 교사가 어린이의 개성화에 가장 강력한 영향을 준다는 것을 확신했으며, 심지어 그 영향이 부모보다 더 강할 수 있다고 했다. 교사는 학생의 무의식적 자아를 의식적 자아로 바꿀 수 있도록 훈련되어 있거나 훈련되어야 한다. 교사는 본능에서 에너지를 이끌어 낼 수 있는 새롭고 풍부한 경험과 상징을 제공함으로써 학생의 의식을 확장시킨다. 교사는 학생의 인격 내부의 부조리를 인식하고 약한 요소가 강해지도록 돕는 위치에 있다. 교사는 지나치게 발달한 사고 유형의 학생에게는 미분화된 감정 기능을 표현하도록 격려하고, 내향성인 학생에게는 약한 외향성을 발달시킬 수 있도록 격려할 수 있다. 여자 교사가 남학생의 아니마 상태를 알아두고, 남자 교사가 여학생의 아니무스 상태를 알아두는 것이 특히 중요하다. 그러나 교사의 가장 중요한 기능은 각 학생들의 개성을 파악하고 이 개성이 균형 있게 발달하도록 돌보는 일이다.

C. 그 밖의 영향

개인이 살아가는 커다란 사회도 개인의 인격 통합에 큰 영향을 미친다. 융은 어떤 인격 유형이 선호되는가에 따라 유행의 변화가 일어난다고 지적하고 있다. 어떤 시대에는 감정이 선호될 수 있고, 어떤 시대에는 사고가 일반적인 기능이 될 수도 있다. 어떨 때는 아니마가 억압되고 어떨 때는 아니마가 찬양받을 수도 있다. 이런 유행의 변화는 가끔 인격의 불균형을 만든다. 1960년대 후반 들어 남성에게는 아니마, 여성에게는 아니무스가 급격히 개성화되기 시작했다. 동시에 페르소나는 위축되기 시작했고, 의식의 확장이 전후 세대의 목적이 되었다.

또한 융은 문화가 다르면 선호하는 인격 유형도 달라진다고 말한다. 예를 들어 극동에서는 내향성과 직관이 선호되는 반면 서양에서는 외향성과 사고가 존중된다.

개성화는 개인에게만 작용하는 과정이 아니다. 그것은 세대를 뛰어넘어 인류에게 작용하고 있으며, 문명인과 미개인 사이에서도 작용한다. 현대인은 고대인보다 개성화되어 있고, 문명인은 미개인보다 개성화되어 있다. 이는 사실상 낡은 사고방식이나 행동방식으로는 현대인의 인격이 요청하는 다양함을 충족시킬 수 없다는 것을 의미한다. 융에 의하면 현대인은 수준 높은 개성화를 표현하기 위해 더욱 복잡한 상징을 필요로 한다. 르네상스는 새로운 상징이 많이 창조되었던 격동기였다. 오늘날 필요한 것은 또 다른 상징주의의 르네상스라고 융은 단언하고 있다. 살아 있는 상징의 결여는 억압되었던 미발달 원형의 고삐를 풀어 원시적인 자기 파괴적 행동을 일으킨다.

옛날에는 종교가 개인의 개성화와 인격의 통합을 돕는 데 현대보다 훨씬 큰 역할을 했다. 그것은 종교가 개인에게 자기 실현을 위한 강력한 상징을 제공함으로써 가능했다. 종교 단체가 사회개혁 등의 세속적인 문제에 말려들면서 원형적 상징이 생존하는 데 그다지 주의를 기울이지 못하게 되자 개인의 정신 발달과 연관된 종교의 가치는 감소되었다. 융은 심리학과 종교에 대한 글을 많이 썼으며 그의 견해는 일부 성직자들에게 큰 영향을 주었다. 분석심리학 훈련을

〈성모 피승천〉
가톨릭이 정규 교리로 인정하기 오래전부터 민중 사이에서는 마리아를 신처럼 숭배하는 뿌리깊은 신앙이 존재하고 있었다.(티치아노 그림)

받은 성직자가 종교의 테두리에서 벗어나지 않는 범위 내에서 상담을 하는 성직자 상담(pastoral counseling)이 발달한 것은 하나의 성과였다. 특히 최근 젊은 사람들 사이에서 다양한 종교적 체험에 대한 관심이 높아지고 있는 것은 부분적으로는 융의 저술 덕택일 것이다.

3 퇴행

퇴행의 개념에 대해서는 앞 장에서 논했다. 인격의 역동성이라는 개념에서는 퇴행이란 리비도의 역류를 가리킨다. 여기서는 퇴행을 발달이라는 관점에서 설명하고자 한다.

발달은 앞으로 향하는 전진적인 방향을 취할 수도 있고 뒤로 향하는 퇴행적인 방향을 취할 수도 있다. 전진이란 의식적인 자아가 환경의 실재를 정신 전체의 여러 욕구와 조화시키는 것을 의미한다. 환경적인 요인에 의한 좌절이나 박탈감으로 인해 이 조화가 깨어지면 리비도는 환경의 외향적인 가치에서 후퇴하여 무의식 속의 내향적인 가치로 전향된다. 융은 이처럼 리비도가 자신에게로 물러나는 것을 '퇴행'이라고 불렀다. 욕구가 좌절된 개인이 자신의 무의식에서 그 문제의 해결책을 찾아내게 될 때 퇴행은 적응에 유용할 수 있다.

누차 말하지만 무의식은 개인 및 종족적 과거의 지식과 지혜를 포함하고 있다. 따라서 융은 조화와 통합을 성취하고 유지하기 위해 때때로 현실에서 벗어나 조용히 명상에 잠길 것을 강력히 권한다. 많은 창조적인 사람들이 무의식이 지닌 방대한 자원을 활용함으로써 생기를 되찾고자 정기적으로 은거한다. 융도 볼링겐의 별장에 은거하면서 자신이 장려했던 바를 몸소 실천했다.

물론 우리는 매일 밤 잠 속으로 은거한다. 잠은 정신이 외계에서 거의 완전히 차단되고 정신 자체에 갇혀서 꿈을 꾸는 시간이다. 이처럼 밤마다 무의식 속으로 퇴행함으로써 개인은 어떤 장애물이 발달을 방해하고 있는지에 대해 유익한 정보를 얻고, 그 장애물을 극복하는 방법에 대해서도 암시를 받을 수 있다. 하지만 유감스럽게도 사람들은 지혜의 보고(寶庫)인 자신의 꿈에 그다지 주의를 기울이지 않는다.

〈휠레몬 상〉
융이 무의식에 깊이 침잠하던 시기에 융의 꿈에는 머리에 소의 뿔이 나 있는 이상한 노인이 나타나 매미 같은 날개를 가지고 하늘에서 내려왔다. 그는 손에 네 개의 열쇠꾸러미를 가지고 있었는데 그 중 하나로 자물쇠를 열려고 하는 것 같았다. 융은 노인을 휠레몬이라 불렀다.(융 그림)

융이 쓴 책에는 거의 빠짐없이 인격의 원형적 기반을 이해하기 위해서 꿈을 분석한 예가 실려 있다. 꿈에 대한 융의 견해가 어떠했는지에 대해서는 6장에서 좀 더 상세히 기술하겠다.

다음의 예를 통해 인격 발달에서 전진과 퇴행의 상호작용에 대해 알 수 있을 것이다. 어떤 사람이 페르소나를 지나치게 발달시켜 사회의 관습과 전통에 따라서만 움직이는 로봇과 같은 인간이 되었다고 하자. 그 결과 그는 기운이 없고 따분하며 초조하고 불만스럽고 침울해진다. 마침내 그는 세속적인 삶에서 도피할 필요를 느끼고 정신 없이 도망친다. 이렇게 해서 그는 딱딱한 순응의 가면을 벗어버리고 무의식에 숨겨진 부(富)를 발견한다. 그리고 기분을 새롭게 하여 기운을 되찾고 더욱 자발적이고 창조적인 인간이 되어 전과 같은 환경의 꼭두각시가 아닌 상태에서 다시 일상생활로 되돌아간다. 재탄생의 전설은 퇴행의 이득을 신화적인 형태로 표현하고 있다.

불행하게도 앞서의 예는 이상적인 것일 뿐이다. 대부분의 사람은 관습에 매여 음주, 도박, 싸움, 호색(好色) 등의 유희에 빠져 있다. 그런 짓을 통해 얻을 수 있는 것이 아무것도 없는데도 말이다.

4 인생의 여러 단계

발달은 일생을 통해 지속되는 연속적인 과정이지만 중요한 고비가 몇 차례 있다. 그것을 '인생의 단계'라고 부른다. 세익스피어는 이를 일곱 단계로 묘사했으나 융은 네 단계로 구분하고 있다.

A. 아동기
이 단계는 출생에서 시작하여 사춘기 또는 성적 성숙기까지 계속

된다. 사실 출생 후 몇 해 동안은 어린이에게 아무 문제도 생기지 않는다. 문제가 생기기 위해서는 의식적 자아가 있어야 하는데 어린아이는 아직 그것을 갖고 있지 않기 때문이다. 어린아이에게도 분명히 의식은 있지만 그의 지각은 아직은 거의 또는 전혀 조직화되어 있지 않다. 그의 의식적 기억은 매우 유동적이다. 따라서 의식의 연속성이 없고 자기 정체성이라는 감각이 없다.

정신생활이 모두 본능적인 것에 지배받고 있는 초반의 이 몇 해 동안 어린이는 전적으로 부모에게 의존하고 있으며, 부모가 조성한 정신적 분위기에 휩싸여 살아간다. 그의 행동은 규율과 통제가 없는 무질서와 혼란 상태에 있다. 본능에 의한 약간의 질서가 존재하는데, 정기적으로 공복과 갈증을 느끼고, 방광 또는 장이 가득 차면 배설하고, 피로하면 잠을 자는 것 등이다. 따라서 그의 생활 대부분에서 부모가 질서를 잡아주어야 한다.

이 단계의 후반이 되면 부분적으로 기억이 연장되며, 또 어떤 부분에서는 자기 정체성의 감각 — '나'라는 감각 — 과 결부된 지각 주변의 자아 콤플렉스가 에너지 공급을 받아 개성화되기 때문에 자아가 형성되기 시작한다. 이때 처음으로 어린이는 자기 자신을 일인칭으로 이야기하기 시작한다. 학교에 들어가면 어린이는 부모의 닫힌 세계 또는 심리적 자궁에서 빠져나오기 시작한다.

B. 청년기 및 성인기 초기

이 단계의 시작은 사춘기에 일어나는 생리적 변화로 나타난다.

"생리적 변화는 정신적 혁명을 가져온다."(Vol.8, p.391) 융은 이 시기를 '정신의 탄생기'라고 부른다. 정신이 형성되기 시작하는 것이 바로 이 시기이기 때문이다. 청소년들이 열과 성을 다해 자기 주장을 하게 되면 분명히 정신적 혁명이 시작된 것이다. 청소년기— 때로 '견디기 힘든 시기'라고 부른다. 청소년과 부모 모두 감당하기 어렵기 때문이다—동안 정신은 여러 문제, 결정 사항, 요구에 대한 부응이라는 무거운 짐을 짊어져야 하고, 사회생활에 다양하게 적응해나가야 한다. 이런 문제들은 어린이다운 공상을 그만두고 삶의 여러 가지 요구에 직면해야 할 때 생긴다.

자신이 준비와 적응과 자각을 적절히 하고 있으면 아동기에서 직업생활로의 이행은 별다른 어려움 없이 이루어질 수 있다. 그러나 아동기의 환상에 매달려 현실을 인식하지 못하면 그는 분명 여러 문제에 부딪히게 될 것이다.

누구나 기대감을 가지고 책임 있는 생활에 접어들지만 때때로 그 기대는 무너진다. 그 기대가 자신이 직면하고 있는 상황에 맞지 않기 때문이다. 예를 들어 어떤 젊은이는 항공기 조종사가 되기를 꿈꾸면서 청소년기를 보내지만, 막상 그 꿈을 실현하려고 하고 보니 눈이 나빠 조종사가 될 수 없음을 알게 된다. 결국 기대는 깨어진다. 하지만 본래의 기대는 쉽게 다른 직업으로 눈을 돌릴 수 없게 만든다. 기대가 어긋나는 또 하나의 이유는 지나치게 큰 기대를 갖거나, 지나치게 낙관적 혹은 비관적이거나, 직면한 문제를 얕잡아 보는 데 있다.

이 제2단계에서 생기는 모든 문제가 직업이나 결혼과 같은 외적인 일과 관계가 있는 것은 아니다. 내적·정신적인 문제도 같은 정도로 발생된다. 융은 성적 본능에서 기인한 정신적 균형의 붕괴가 문제되는 경우가 많다고 말한다. 마찬가지로 극단적인 과민성과 불안정에서 생기는 열등감도 문제가 된다.

청년기 문제는 무수히 많지만 원인적 측면에서는 대체로 공통된 특징이 있다. 바로 이들이 아동기의 의식 수준에 매달려 있다는 것이다. 우리 안의 어떤 감정(어린이 원형)은 어른이 되기보다는 어린이로 머물러 있고 싶어한다.

인생 제2단계에서 개인이 직면하는 문제는 외향적인 가치와 더 깊은 관계가 있다. 이 시기의 사람들은 세상에서 자신의 위치를 구축해야 하므로 이들에게는 굳센 의지가 가장 중요하다. 효과적으로 결단을 내리고, 직면하는 무수한 장애물을 극복하며, 자기 자신 및 가족을 위해 물질적인 만족을 확보할 수 있도록 강력한 의지를 갖고 있어야 한다.

C. 중년기

대체로 제2단계는 서른다섯 살에서 마흔 살 사이에 끝난다. 이 정도 나이의 개인은 많든 적든 외적 환경에 비교적 잘 적응하고 있다. 지위는 안정되어 있고, 결혼하여 자녀를 갖고 있으며, 시민으로서 사회에 적극적으로 참여하고 있다. 때때로 좌절, 실망, 불만은 느끼겠지만, 이를 제외하면 중년 남녀는 인생 후반을 비교적 안정된 상태에서 보낼 수 있을 것이라 생각한다.

하지만 사실은 그렇지 않다. 인생 후반기인 이 시기에도 적응해야 할 특수한 문제가 있지만, 대부분의 사람은 이에 대한 마음의 준비가 되어 있지 않다. 이 제3단계에서 중요한 과제는 새로운 가치 체계에 맞춰 자신의 생활을 바꿔나가는 것이다. 그때까지 외적 적응에 사용했던 에너지는 이 새로운 가치에 돌려져야 한다.

서른다섯 살이 지나서 인식해야만 하는 새로운 가치는 무엇일까? 융은 이를 정신적인 가치라고 말한다. 이와 같은 정신적인 가치는 항상 정신 속에 잠재해 있었으나, 젊을 때는 외향적이고 물질적인 관심에 빠져 간과할 수밖에 없었다. 제2단계 동안 확립해놓았던 낡은 통로에서 새로운 통로로 정신 에너지를 전환하는 문제는 인생에서 최대의 도전 가운데 하나다. 이 도전을 극복해서 성공에 이르지 못한 채 인생을 파멸로 마치는 사람들도 많다.

심리학자들은 유년기, 아동기, 청년기, 노년기를 집중적으로 연구하면서도 오히려 이 결정적인 시기에는 별로 주의를 기울이지 않았다. 융은 중년기의 심리를 이해하려고 한 소수의 심리학자 가운데 한 사람이다. 그가 이 문제를 깊이 생각하지 않을 수 없었던 이유는, 그의 환자 대부분—3분의 2 이상—이 이 제3단계에 있었기 때문이다. 이 단계로 옮아갈 때 융 자신이 겪었던 경험도 그가 이 시기에 흥미를 느끼게 한 원인이 아닌가 생각된다. 융은 서른여섯 살의 나이에 프로이트와의 결별을 예고하고, 그 후 자신의 연구와 사상의 기반이 된 저서 《변형의 상징》을 썼다. 그리고 그의 《자전》

에 따르면, 이 책을 출판한 후에는 휴경기가 계속되었던 것 같다. 아마도 새로운 가치가 태동하던 때가 아니었던가 생각된다.

융의 환자 대부분은 직업적으로 크게 성공하고, 괄목할 만한 업적을 쌓았으며, 상당한 사회적 지위에 있던 사람들이었다. 간혹 고도로 창조적이고 지적인 사람들도 있었다. 그런데 그들은 왜 융과 상담할 필요를 느꼈을까? 융의 상담실에서 그들이 은밀히 고백한 바에 따르면, 인생에서 정열과 모험심이 상실되었을 뿐만 아니라—그들의 나이를 생각하면 납득이 갈 만하다—의미도 상실했기 때문이다. 그들은 이전에는 매우 중요하다고 생각했던 것이 시시하게 보이고, 인생이 공허하고 무의미하게 생각된다고 했다. 그들은 우울증에 빠져 있었던 것이다.

융은 그들이 우울증에 빠진 이유를 발견했다. 그들의 목적이 실현됨으로써 그동안 사회적인 지위를 얻기 위해 쏟았던 에너지가 위축됐기 때문이었다. 가치의 상실이 인격에 구멍을 만들어낸 것이다.

그렇다면 어떻게 치료해야 하는가? 대답은 명백하다. 낡은 가치 대신에 새로운 가치를 찾아 구멍을 메워야 한다. 그러나 단지 흥미를 느끼는 것만으로는 안 된다. 그것은 물질주의적인 관점을 넘어 개인의 지평을 확대시키는 가치라야 한다. 그 지평은 정신적·문화적인 지평이다. 이제부터는 활동보다는 오히려 명상에 의해 자기를 실현해야 한다. 융은, "아직 적응하지 못하고 아무것도 성취하지 못한 젊은이에게는 자신의 의식적인 자아를 되도록이면 효과적으로 형성하는 것, 즉 자신의 의지를 훈련하는 것이 가장 중요하다…….

그러나 인생의 후반에 있는 사람, 즉 이제는 의식적인 의지를 훈련할 필요가 없고 자신의 개인적 생활의 의미를 이해하고 있는 사람이라면, 이제 자기 자신의 내적 존재를 체험해나가야 할 필요가 있다"(Vol.16, p.50)고 말한다.

D. 노년기

이 시기는 아주 노령의 시기이며, 융에게는 흥미가 거의 없었던 시기이다. 어떤 면에서 노년기는 아동기와 비슷하다. 노인은 무의식 속에 가라앉지만 지금 이후의 문제에는 별 관심을 기울이지 않는다. 어린이는 의식으로 떠오르지만, 노인은 무의식 속에 가라앉아 마침내는 그 속에서 소멸된다.

육체가 죽으면 인간의 인격은 존재하지 않게 되는 것일까? 사후의 세계는 존재하는 것일까? 심리학자가 이와 같은 문제를 제기하는 것이 낯설고 그릇된 것으로 보일지 모른다. 그러나 융은 내세 문제를 다루기를 주저하지 않았다. 융은 세상의 많은 사람들이 믿고 있고, 종교의 첫째 요소이며, 수많은 신화와 꿈의 테마인 내세의 관념을 단지 미신이라고 경멸해서는 안 된다고 생각했다. 이 관념에는 어떤 무의식적인 기반이 있을 것이다. 사후의 삶이라는 관념은 정신의 개성화 과정 중에서 또 다른 한 단계를 나타내는 것일 수도 있다. 정신이 완전한 자기 실현을 달성하지 못했으므로, 정신생활이 육체적으로 사망한 후에도 계속된다고 추측할 수 있는 것이다.

5 요약

인격의 성장은 서로 꼬인 두 가닥의 실로 이루어져 있다. 그것은 정신 전체를 구성하는 여러 가지 구조인 '개성화'와 이러한 구조들의 통일된 전체(자기)인 '통합'이다. 이 성장 과정은 유전, 아동기의 부모와의 경험, 교육, 종교, 사회, 나이 등등 수많은 조건에 의해서 긍정적인 혹은 부정적인 영향을 받는다. 인생의 중년기에는 발달에서 근본적인 변화가 일어난다. 그것은 외부 세계에 대한 적응에서 자신의 내적 존재에 대한 적응으로의 이행이다.

5장

심리학적 유형

1921년 융은 심리학적 유형에 관한 연구 결과를 출판했다. 책 머리말에서 융은 "이 책은 거의 20년에 걸쳐 임상심리학 영역에서 연구한 결과다. 이는 신경질환 치료에 종사한 정신과 의사의 수많은 감명과 경험, 모든 사회 계층에서의 남녀 관계, 친구 및 적과의 개인적인 관계, 그리고 나 자신의 독특한 심리학적 특성에 대한 비판에 근거하여 내 머릿속에서 서서히 성장하고 모양을 갖추었다"(Vol.6, p.xi)라고 썼다.

융이 《심리학적 유형》에서 이룩한 것은 두 가지 측면에서 중요성을 지닌다. 그는 몇 가지 '기본적'인 심리학적 과정을 구분하여 서술했고, 이러한 과정이 어떻게 해서 여러 가지 결합으로 조합되어 개인의 성격을 결정하는지를 보여주었다. 그는 대강의 법칙과 과정으로 이루어진 일반 심리학을 변형하여 특정한 개인의 특유한 성격과 행동에 대해 일관성 있게 설명할 수 있는 개인심리학을 창시했다. 융은 그 성과가 대단히 실제적인 심리학이라고 말했다. "사람들의 정신이 얼마나 크게 다른가를 알게 된 것은 내 인생 최대의 경험

중 하나였다."(Vol.10, p.137)

여기서는 우선 기본적인 태도와 기능을 제시하고, 그러한 태도와 기능이 다양한 비율로 조합되어 만들어지는 여러 인간 유형을 서술함으로써 이 추상적인 개념들이 각 개인에게 어떻게 적용되는지 보여주려 한다. 잊지 말아야 할 것은 유형이란 일종의 범주이며 그 범주에 속하는 사람들이 대충 비슷하기는 하지만 반드시 같은 성격을 갖고 있지는 않다는 점이다. 같은 범주에 속한 사람들 중 어느 두 사람도 그 인격 양상(pattern)이 완전히 똑같은 경우는 없다.

1 태도

알다시피 외향성과 내향성이라는 두 가지 기본적인 태도는 융이 분류한 것으로 유명하며, 이 분류는 그의 분류 체계에서 매우 중요한 개념이다. 이 중심 용어의 의미를 제대로 이해하기 위해서는 '객관적'과 '주관적'이라는 두 용어를 구별할 필요가 있다. '객관적'이란 개인을 둘러싸고 있는 세계, 즉 인간과 사물, 풍습과 관례, 정치적·경제적·사회적인 제도, 물리적 조건들로 이루어진 세계를 가리킨다. 이 객관적 세계는 환경, 주위 또는 외적 현실이라 불린다. '주관적'이란 정신의 내면과 개인적 세계를 가리킨다. 그것을 개인적이라고 하는 것은 밖에 있는 사람은 직접 관찰할 수 없기 때문이다. 사실상 그것은 너무나 개인적인 세계라서 당사자의 의식조차 항상 직접적으로 접근할 수는 없다. 정신요법가 또는 자기 꿈에 대한 분석의 도움을 받아야만 무의식적 정신 요소에 접근할 수 있는 경우가 많다.

외향성에서는 정신 에너지(리비도)가 객관적인 외부 세계의 여러 표상에 몰린다. 따라서 에너지는 대상, 인물, 동물 등의 환경적 사실이나 조건에 대한 지각, 사고, 감정에 투여된다. 내향성에서는 리비도가 주관적인 정신 구조와 정신 과정으로 흘러들어간다. 외향성이 객관적 태도인 반면, 내향성은 주관적 태도다.

이 두 가지 태도는 상호 배타적이며, 교대로 나타날 수는 있지만 의식에서 동시에 공존할 수는 없다. 개인은 때로는 외향적이고, 때로는 내향적일 수 있다. 그러나 일반적으로 인생에서는 어느 한쪽 태도가 우위에 서게 된다. 객관적인 지향성이 우세한 사람은 '외향자(外向者)'라 불리고, 주관적인 지향성이 우세한 사람은 '내향자(內向者)'라 불린다.

내향자는 자신의 내면 세계를 탐구하고 분석하는 데 흥미를 갖는다. 내성적이고 고립되어 있으며 주로 자신의 내적인 일에 몰두한다. 그는 다른 사람들에게 무관심하고 비사교적이며 과묵하게 보일 수 있다. 외향자는 자신과 타인 및 사물과의 상호작용에 관심을 가지고 몰두한다. 그는 활동적이고 사교적이며 주위의 사물에 흥미를 갖고 있는 것으로 보인다.

어느 한쪽의 태도가 우세하다는 말은 정도의 차이를 뜻한다. 개인은 다소 외향적 또는 내향적이지, 완전히 외향적 또는 내향적인 경우는 없다. 따라서 "외향성의 메커니즘이 우위에 서 있을 때에만 그 행동양식을 외향적이라고 말한다."(Vol.6, p.575)

더욱이 무의식에는 의식에 표현되어 있는 태도와는 반대되는 태도가 존재하기 때문에 확실한 구별은 더욱 어렵다. 즉 의식에서 외향적인 사람은 무의식에서는 내향적이다. 이것은 무의식이 정신에서 하고 있는 보상 역할의 한 예이다.

외향적 또는 내향적인 태도는 무의식적일 경우와 의식적일 경우에 서로 다른 특징을 갖고 있다는 것을 알아야 한다. 의식적 외향자 또는 내향자는 그 외향성 또는 내향성을 의식적인 행동으로 직접 표현한다. 따라서 다른 사람들은 그 사람의 행동을 통해 그가 외향적인지 내향적인지 곧바로 알 수 있다.

외부 일에 말려들기를 꺼리고 과묵하며 소극적인 사람을 보자. 그는 자신의 생각에만 잠겨 있는 듯이 보인다. 이때 보상적인 무의식적 태도는 억압되어 있으므로 공공연히 드러나지 않는다. 그러나 개인이 평소의 모습과 다르거나, 기괴한 행동을 할 때, 이 무의식적인 태도는 행동에 간접적으로 영향을 미치고 있다. 예를 들어 외향적인 사람이 갑자기 침울해지고 완강해지며 비사교적이 되면 우리는 "그에게 무슨 일이 있는가?" 하고 묻는다. 이 경우 답은 "그의 무의식 때문이야"가 된다. 그는 일시적으로 그의 억압된 내향성에 사로잡힌 것이다.

무의식적 과정은 의식적 과정만큼 발달되거나 분화되어 있지 않아서, 억압된 태도의 영향을 받게 되면 행동이 좀 더 원시적이고 거칠어지는 경향이 있다. 내향자가 아무 이유도 없이 갑자기 사나워지는 것이 그 극명한 예이다. 나아가 융의 보상적 꿈의 이론에 의하면 외향자는 꿈의 세계에서는 내향자가 되고, 내향자는 잠들면 외향자가 된다고 한다.

2 기능

융의 유형론에서 태도와 마찬가지로 중요한 것은 심리적 '기능'들로 이는 사고, 감정, 감각, 직관이라는 네 가지 기능이다. '사고'란 여러 관념을 서로 연결하여 개념을 일반화하거나 문제의 해결책을 마련해주는 기능이다. 즉 사물을 이해하게 해주는 지적 기능이다.

'감정'이란 평가 기능이며, 어떤 관념이 유쾌한 감정을 일으키느냐 불쾌한 감정을 일으키느냐에 따라 그 관념을 받아들이기도 하고 배격하기도 한다.

사고와 감정을 '이성적인' 기능이라고 하는데, 이는 두 기능이 판단 행위를 필요로 하기 때문이다. 생각을 함으로써 우리는 둘 또는 그 이상의 관념 사이에 정말로 연관이 있는가에 대해 판단한다. 감정을 갖게 됨으로써 우리는 어떤 관념이 유쾌한가 불쾌한가, 아름다운가 추한가, 재미있는가 지루한가에 대해 판단할 수 있다.

'감각'이란 감각 기관을 통한 자극의 지각(知覺)이며, 이는 감각 기관의 자극에 의해 생기는 모든 의식적 경험 ─ 시각, 소리, 냄새, 맛, 촉각 및 체내 감각 ─ 을 포함한다. '직관'이란 사고나 감정의 결과로 생긴다기보다는 오히려 즉각적으로 주어지는 경험이라는 점에서 감각과 비슷하다. 이때 판단은 필요하지 않다. 하지만 직관은 직관을 갖는 당사자가 그것이 어디서 왔으며, 어떻게 생겨났는지 모른다는 점에서 감각과 다르다. 직관은 '불시에' 나타난다. 감각은 자극의 원천을 지적하여 모두 설명할 수 있다. '이가 아프다'거나 '고래가 보인다'에서처럼 말이다. 그러나 무엇인가 발생할 것 같다는 직관이나 예감이 올 때 그것을 어떻게 알게 되었느냐고 묻는다면 "어쩐지 그런 생각이 든다"라거나 혹은 "그냥 알아"라고 대답할 수밖에 없다. 직관은 때때로 제육감(第六感) 혹은 초감각적 지각이라고도 불린다.

　감각과 직관은 이성을 필요로 하지 않으므로 비이성적 기능이라고 불린다. 이 두 기능은 개인에게 작용하는 자극의 흐름에서 발생하는 정신적인 상태다. 이 흐름에는 방향 혹은 의도성이 결여되어 있으며, 사고나 감정이 갖고 있는 목표도 없다. 감각하는 것은 현재의 자극에 의해 좌우된다. 문득 느끼는 것은 알 수 없는 자극에 의해 발생된다. 그러나 융이 말하는 '비이성적'이란 이성의 반대라는 의미가 아니다. 감각과 직관은 이성과 관계가 없다. 무이성적·무비판적이다.

　융은 네 가지 기능을 간명하게 정의했다. "이 네 가지 기능(사고, 감정, 감각, 직관)은 의식이 어떤 경험을 할 것인가를 선택하도록 하는 수단으로 작용한다. '감각'(즉 감각 지각)은 무엇인가가 존재하고 있음을 말해주고, '사고'는 그것이 무엇인지를 알려주며, '감정'은 그것이 유쾌한지 불쾌한지를 알려주고, '직관'은 그것이 어디서 와서 어디로 가는지를 알려준다."(*Man and His symbols*, 1964, p.61)

각각의 기능적 특징은 그것이 외향성과 결부되는가, 내향성과 결부되는가에 따라 달라지므로 조합할 수 있는 여덟 가지 유형을 각각 떼어서 논할 필요가 있다.

3 태도와 기능의 결합

'외향적 사고'는 감각 기관의 자극에 의해 뇌로 제공되는 정보를 이용한다. 사고 과정은 외계에 존재하는 어떤 대상에 의해 활성화된다. 혹자는 어떻게 씨앗이 싹터 식물로 자라며, 왜 어떤 온도까지 열을 가하면 물이 수증기가 되고, 어떻게 언어를 익히게 되는가를 설명하려고 한다. 많은 사람들이 이것을 사고(思考)가 할 수 있는 유일한 유형이라고 생각하고 있지만, 융은 그렇지 않다고 말한다. 주관적으로 사고하는 '내향적 사고'라는 것도 있다. 이럴 경우 주로 외계에서 일어나는 사항에 대해서만 사고하는 것이 아니라 내적인 정신적 세계에 대해서도 사고한다. 내향적 사고자는 관념 자체 때문에 관념에 흥미를 갖는다고 말할 수 있을 것이다. 그가 외계를 탐구하는 것은 자신의 관념을 밑받침하는 사실을 발견하기 위해서일 것이다. 과학에서는 이를 연역적 사고라고 부른다. 이와 대비되는 것은 사실적 정보에 의거해서 관념, 가설 또는 개념을 형성하는 귀납적 사고다. 혹은 내향적 사고자는 관념이 외계와 관계가 있든 없든 간에 관념에 대해 반추를 계속할 수 있다.

외향적 사고자는 좀 더 실천적 또는 실제적이다. 그는 문제를 해결하는 사람이다.

'외향적 감정'은 외적 또는 객관적 기준이 지배한다. 예를 들어 어떤 사람은 어떤 물건이 아름다운가 추한가를 판단하기 위해 그것이 기존의 전통적인 미적 기준에 일치하고 있는지 그렇지 않은지를 따진다. 그 때문에 외향적인 감정은 인습적·보수적이 되기 쉽다. 내향적인 사고와 마찬가지로 '내향적 감정'은 내적 또는 주관적 조건, 특히 원형에서 비롯되는 원시적 이미지에 의해 일어난다. 이 이미지는 사고이기도 하고 감정이기도 하므로, 사고가 우세하면 내향적 사고가 되고, 감정이 우세하면 내향적 감정이 된다. 내향적 감정은 독창적·비일상적·창조적인 경향이 있고, 일반적인 관례와는 동떨어져 있기 때문에 가끔 기이하게 보인다.

'외향적 감각'의 경우, 감각은 개인이 직면하고 있는 객관적인 현실에 의해 결정된다. '내향적 감각'의 경우, 감각은 특정한 시점에서의 주관적 현실에 의해 결정된다. 지각은 어떤 경우에는 대상을 외부 세계에 있는 그대로 나타낸다. 또 어떤 경우에는 정신 상태에 크게 영향받는다. 따라서 마치 정신 속의 어느 부분에서 불쑥 튀어나온 것처럼 보이기도 한다.

'외향적 직관'은 모든 객관적 상황의 여러 가능성을 발견하려고 하며, 외적 대상들에서 끊임없이 새로운 가능성을 탐구한다. '내향적 직관'은 정신적 현상의 여러 가능성, 특히 원형에서 생기는 이미지들을 탐색한다. 외향적 직관은 대상에서 대상으로 옮겨다니고, 내향적 직관은 이미지에서 이미지로 옮아간다.

이제 태도와 기능의 조합이 개인의 행동 패턴에 어떻게 의식적으로 표현되는지를 생각해보자. 이 개인적인 표현이 융의 유형론을 구성하고 있으며, 인간에게는 여덟 가지 유형이 있다. 융이 시도한 것처럼 여러 가지 유형의 극단적인 예를 설명하겠지만, 각각의 유형에는 정도의 차이에 따른 여러 변형이 있음을 이해해야 한다.

4 개인 유형

A. 외향적 사고 유형

이 유형의 사람은 객관적 사고를 일생의 주된 과업으로 삼는다. 전형적인 외향적 사고 유형의 사람은 객관적 세계에 대해 될 수 있는 대로 많이 배우려고 전력투구하는 과학자다. 이들의 목적은 자연 현상의 이해, 자연 법칙의 발견, 이론 구성이다. 대표적인 사람으로 다윈, 아인슈타인을 들 수 있다. 외향적 사고자는 자기 본성의 감정적 측면을 쉽게 억압하는 경향이 있어 다른 사람들에게는 인간미 없고 냉혹하며 심지어 교만하게 보일 수도 있다.

억압이 너무 심하면 감정은 정도(正道)를 벗어날 수밖에 없어 때로는 이상한 성격의 소유자가 된다. 즉 독선적이고 완고하며, 허세를 부리고, 미신에 사로잡히며, 남의 비판을 받아들이지 않을 수 있다. 감정이 메마르면 사고는 황폐해지거나 빈곤해지기 쉽다. 그 극단은 주기적으로 정신병을 일으키는 괴물, 지킬 박사 혹은 '미친 과학자'이다.

B. 내향적 사고 유형

이 유형의 경우 사고가 안으로 향하고 있다. 자기 존재의 실재를 이해하려고 애쓰는 철학자나 실존 심리학자가 그 전형이다. 극단의 경우, 탐구 결과는 현실과 거의 관계가 없을 수도 있어 종래에는 현실과 연결을 끊고 정신분열증에 걸릴지도 모른다. 이 유형은 외향적 사고 유형과 비슷한 성격 성향을 많이 갖고 있는데, 이는 무의식 속에 억압된 감정으로부터 자기 자신을 지키려 한다는 점 때문이다.

실러(1759~1805년)
《빌헬름 텔》 등을 쓴 독일의 극작가. 내향적 사고 유형이었다.

이들은 감정이 없어 보이고 고립되어 있는 것처럼 보인다. 인간에게 가치를 부여하지 않기 때문이다. 이들은 자신의 생각을 추구하기 위해 혼자 있기를 좋아한다. 자신과 유형이 같은 소수의 추종자가 있을지는 모르지만, 자신의 생각을 남에게 인정받는 데 대한 관심이 별로 없다. 이들은 완고하고 고집이 세며, 인정머리 없고, 접근하기 어렵고, 화를 잘 내고 냉담한 경향이 있다. 이 유형이 강화되면 억압된 감정 기능의 영향을 받아 사고가 점차 이상해지고 돈키호테처럼 변하게 된다.

C. 외향적 감정 유형

융에 따르면 이 유형은 여성 쪽에 더 많다고 한다. 이들은 사고보다도 감정을 우위에 놓고 있다. 이 유형의 사람은 변덕스러운 경우가 많다. 상황에 따라 감정도 변하기 때문이다. 약간의 상황 변화만 있어도 이들의 감정은 쉽게 변한다. 이들은 허풍을 잘 떨고 감정적이며 과시적이고 기분파다. 이들은 사람들에게 강한 애착을 느끼지만 그 애착은 일시적이고 사랑은 쉽게 미움으로 변한다. 이들의 감정은 상당히 형식적이며 언제나 최신 유행만을 찾는다. 사고 기능이 강하게 억압될 경우, 외향적 감정 유형의 사고 과정은 미숙하고 미발달된 상태에 머무른다.

D. 내향적 감정 유형

이 타입도 여성에게 많다. 감정을 과장해서 표현하는 외향적 감정 유형과 달리, 내향적 감정 유형은 자신의 감정을 사람들에게 숨긴다. 이들은 말이 없고, 가까이 하기 어려우며, 무관심하고, 마음을 헤아리기 어려운 경향이 있다. 이들은 우울하거나 침울해 보일 때가 많다. 그러나 한편으로는 내적으로 조화되어 있고 침착하며 오만한 인상을 주는 경우도 있다. 이들은 때때로 다른 사람들에게는 신비적인 힘 또는 카리스마를 갖고 있는 듯이 보인다. 이들은 "고요한 물이 깊다"는 말을 듣는 사람이다. 실제로 이들은 대단히 깊고 강한 감정을 갖고 있어서, 때때로 그것이 폭발할 때 폭풍이 몰아쳐 친척이나 친구 들을 놀라게 한다.

E. 외향적 감각 유형

이 유형의 사람은 주로 남자다. 이들은 외부 세계에 대한 사실들을 수집하는 데 흥미를 느낀다. 이들은 현실주의적이며 실제적이고 빈틈이 없지만 정작 그 사물이 무엇을 의미하는지에 대해서는 별로 관심이 없다. 이들은 앞날에 대해 생각하지 않고 별로 고민하지 않으며 세상을 있는 그대로 받아들인다. 호색가인데다 쾌락과 스릴을 찾아다니기도 한다. 이들의 감정은 얕고 단순하다. 이들은 단지 인생에서 느낄 수 있는 감각을 위해 살 뿐이다. 극단적인 경우에는 유치한 호색가 혹은 과시적인 탐미주의자가 된다. 그 관능적인 지향성 때문에 여러 종류의 중독, 도착(倒錯), 강박관념에 빠지기 쉽다.

F. 내향적 감각 유형

모든 내향자와 마찬가지로 내향적 감각 유형도 외적 대상과 거리를 두고 자신의 정신적인 감각에 침잠하고 있다. 이들은 자신의 내적 감각에 비하면 외부 세계는 평범하고 재미없다고 생각한다. 예술을 통해 표현하는 경우를 제외하고는 자기 자신을 표현하는 데 어려움을 느끼며, 이들이 만들어낸 것은 무의미하고 공허한 경우가 많다. 다른 사람들에게는 조용하고 수동적이며 자제심이 있는 듯이 보이지만, 사실은 무관심한 것에 불과하다. 사고와 감정에 결함이 있기 때문이다.

G. 외향적 직관 유형

이 유형의 사람은 일반적으로 여성이며, 엉뚱함과 불안정이 이들의 특징이다. 이들은 외부 세계에서 새로운 가능성을 발견하기 위해 이쪽저쪽으로 뛰어다닌다. 그래서 항상 이전의 세계를 미처 정복하기도 전에 새로운 세계를 추구한다. 사고 기능에 결함이 있어서 자신의 직관을 오랫동안 끈기 있게 추구하지 못하고 새로운 직관에 매달리기 때문이다. 이들은 진취적 사업 계획을 추진하거나 사회적 이상을 실현하기 위해 노력하기도 하지만 흥미를 유지하지 못한다. 새로운 것만이 이들 삶의 전부이기 때문에 평범한 일에는 곧 싫증을 느낀다.

이들은 연속적으로 발생되는 직관에 인생을 낭비한다. 호기심을 가지고 열광적으로 새로운 관계를 맺으려 하지만, 그리 믿을 만한 사

괴테(1749~1832년)
외향적 직관 유형으로, 내향적 사고 유형의 실러와 자주 대비된다.

람은 못 된다. 이들은 본의 아니게 사람들을 곧잘 실망시킨다. 관심이 오래 지속되지 못하기 때문이다. 이들은 취미는 많지만 곧 싫증을 느낀다. 그리고 한 가지 일을 오래 지속하지 못한다.

H. 내향적 직관 유형

예술가가 이 유형의 전형이지만 몽상가, 예언자, 괴짜, 기인도 이에 속한다. 내향적 직관자는 친구들에게 때때로 수수께끼 인간처럼 보이고, 자기 스스로 자신은 남들이 이해할 수 없는 천재라고 생각한다. 그는 외적 현실이나 일반 통념에 대한 감각이 없으므로 다른 사람들과 효과적으로 의사소통을 할 수 없고 심지어 같은 유형의 사람과도 서로를 잘 이해하지 못한다. 그는 자신도 의미를 잘 알지 못하는 원시적인 이미지의 세계에 고립되어 있다. 외향적 직관자와 마찬가지로 새로운 가능성을 추구하며 이 이미지에서 저 이미지로 옮겨다니지만, 쉽게 자신의 직관을 발전시키지 못한다. 그는 하나의 이미지에 오래 흥미를 지속시키지 못하기 때문에 내향적 사고자처럼 정신 과정의 이해에 크게 기여할 수 없다. 하지만 그는 다른 사람이 완성하고 발전시킬 수 있는 훌륭한 직관을 가지고 있을 수는 있다.

니체(1844~1900년)
융은 기독교 윤리를 비판하고, 초인 사상을 역설한 니체가 내향에 가까운 직관형이라고 서술한 바 있다.

이것으로 여덟 가지 성격 유형에 대한 설명을 마친다. 다시 한번 말하지만 여기 나온 각 유형의 예는 극단적인 것들이다. 극단적인 예란, 의식적인 태도는 고도로 '발달되어' 있고, 무의식에 억압된 태도는 사실상 '미발달' 상태에 있다는 것을 의미한다. 따라서 정상적인 경우처럼 무의식적인 대응물이 저항 또는 균형 효과를 나타내지 않으므로, 의식적인 태도가 극단이 된다. 이러한 성격 묘사는 실제 성격이라기보다는 캐리커처에 가깝다.

인간은 외향적인 '동시에' 내향적이며, 모든 기능을 여러 비율로 섞어서 사용할 수 있는 능동적 개체다. 다만 일반적으로 개인은 내향적이기보다는 외향적이거나 혹은 그 반대라고 표현할 수 있다. 두 가지 태도가 완전히 균형을 유지하는 경우는 드물 것이다. 마찬가지로 누구나 한 가지 기능을 나머지 세 가지 기능보다 많이 사용할 것이다. 융은 이 한 가지 기능을 '주요 기능'이라 불렀고, 나머지는 '보조 기능'이라 불렀다. 보조 기능은 주요 기능에 봉사한다. 보조 기능은 그 자체로는 독립성이 없으며, 따라서 주요 기능과 대립할 수 없다.

사고와 감정은 모두 이성적 기능이므로 대립하는 경향이 있다. 사고와 감정은 서로 다른 쪽을 위해 보조 기능 역할을 하는 일이 없다. 비이성적 기능인 감각과 직관도 마찬가지다. 감각 또는 직관은 사고 또는 감정의 보조 기능이 될 수 있다. 반대의 경우도 마찬가지다.

예를 들어 어떤 사람의 주요 기능이 사고라고 하자. 그는 감각에서 얻은 정보를 사고의 보조 기능으로 사용할 수 있다. 직관도 예감이나 통찰을 제공하여 사고의 보조 기능으로서 역할을 할 수 있다.

실제로 뛰어난 재능의 소유자는 사고와 직관을 조합하는 경우가 많다. 감정과 직관의 조합도 같은 방식을 취한다. 사고와 직관이 결합하면 위대한 과학자나 철학자가 탄생하고, 감정과 직관이 결합하면 위대한 예술가가 태어나기 쉽다. 이상적으로는 두 가지 태도와 네 가지 기능을 동등하게 발달시켜 훌륭하게 사용하는 것이 바람직하지만, 실제로는 그렇게 되기가 힘들다. 정신은 하나의 전체로서 조화와 균형을 추구하지만, 정신의 여러 요소 사이에는 항상 불균형이 존재한다.

여러 태도와 기능 가운데 어느 하나가 결여되어 있는 경우는 없지만, 사람마다 자신의 태도와 기능에 독자적 패턴을 갖고 있다. 어떤 태도나 기능이 의식에 존재하고 있지 않다면 무의식에서 그것을 분명히 찾아볼 수 있다. 무의식에서도 그것이 행동에 영향을 미치고 있기 때문이다. 무의식적인 것은 개성화될 수 없고, 미발달된 원시적인 상태에 머물게 된다고 융은 한결같이 주장한다. 무의식적인 것이 억압을 돌파했을 때 당사자의 행동은 혼란스러워지고, 이상 또는 도착적 행동을 나타내는 경향이 있다. 이런 의미에서 볼 때 미발달된 무의식적인 기능들은 의식에 대해 잠재적인 위협이 된다.

그러므로 개인의 성격을 평가하기 위해서는 각각의 태도와 기능이 어느 정도씩 차별화된 의식 상태 혹은 미분화된 무의식 상태에 있는지 판단해야 한다. 개인을 장기간에 걸쳐서 관찰하고 철저히 분석해야만 올바르게 평가를 할 수 있다. 일반적으로 그러한 정보는 장기간의 정신분석에 의해서만 얻을 수 있는데, 평가 절차를 단축하려는 시도에서 태도와 기능의 의식적인 표현의 강도를 측정하기 위한 검사법들이 고안되었다. 이러한 검사에서는 피험자들이 자신의 취미, 흥미, 행동, 습관에 대한 일련의 질문에 답하도록 구성되어 있다. 예를 들어 피험자가 파티에 가기보다는 집에서 책을 읽고 있는 편이 좋다고 답하면, 이 답은 내향성의 지표가 된다. 여러 가지 체험을 하는 것을 좋아한다고 대답하면, 이것은 감각 유형의 지표가 된다.

5 실제적 고찰

개인의 태도와 기능의 패턴은 무엇에 의해 결정될까? 융은 그것이 먼저 타고난 요인에 의해 결정된다고 했다. 어린이의 인생 초기부터 모습을 드러내는 이 타고난 패턴은 부모나 그 밖의 사회적인 영향에 의해 수정될 수밖에 없는 주제이다. 같은 부모의 자녀라도 저마다 유형이 다르고 또 부모의 유형과도 다른 경우가 있으므로, 가족에게 받는 압박은 어린이로 하여금 자신의 성격 유형을 바꾸도록 강요하게 될지도 모르는데 그 강도는 매우 클 수도 있다.

예를 들어 내향적 감정 유형의 어머니가 외향적 직관 유형의 딸을 자신과 같은 유형으로 만들려고 할 수도 있다. 혹은 외향적 사고 유형의 아버지가 내향적 감각 유형의 아들이 자신처럼 되기를 원할 수도 있다. 개인의 타고난 성질을 근본적으로 바꾸려고 하는 것은 어떤 경우에도 해롭다. 이런 일반적인 관점에서 융은, 이런 부모가 실제로 영향력을 갖게 되면 어린이가 훗날 신경증에 걸리게 되는 일이 종종 있다고 보았다. 융은 부모의 역할이 자신에게 내재된 성질 쪽으로 발달하려는 어린이의 권리를 존중하고 이를 위해 자녀에게 모든 기회를 제공하는 것이라 생각했다. 부모와 자식 사이에서 발생하는 갈등의 대부분은 각자의 성격 유형들이 용납되지 않는 데서 비롯된다.

또한 융은 역사의 어느 시기에는 어떤 성격 유형이 다른 성격 유형보다 특히 호감을 얻는 경우가 있다고 지적한다. 20세기 전반기에는 외향적 유형, 특히 사고 및 감정의 외향적 유형을 높이 평가하고 내향적 유형을 경시했으므로 내향자는 사회적인 모멸이라는 무거운 짐을 지고 있었다. 내향자는 그 리비도를 밖으로 돌려 사회적으로 용인되는 '건강한' 외향자의 상투적인 유형에 맞춰야 할까? 그랬을 때 그들은 잘못된 역할을 하게 되므로 좌절과 갈등만 심해질 뿐이다. 한편 사회적인 비난에 개의치 않고 내향성을 계속 유지하려면 끊임없이 사회와 대립해야 할 것이다. 하지만 자신의 본성에 충실한 편이 정신 건강을 위해서는 더 좋은 처방이다.

아울러 정신 건강을 위해 어떤 유형의 사람과 연애를 하고 결혼을 할 것인지 생각하는 것도 중요하다. 정반대 유형의 사람과 결혼하는 편이 같은 유형의 사람과 결혼하는 경우보다 가정을 원만하게 꾸려나가는 방법이라든가, 혹은 그 반대라고 일반화해서 말할 수는 없다. 이것은 그 결합이 상보적(相補的)인가 아닌가 하는 점에 따라 크게 달라진다.

내향적 감각 유형과 결혼한 외향적 사고 유형의 사람은, 각자의 인격 중에서 등한시하고 억압했던 면을 표현하고 있는 사람과 함께 살게 되므로 서로에게서 대리만족을 할 수 있을지 모른다. 그리하여 두 사람은 좋은 부부가 될 수도 있다. 그러나 외향적 사고 유형의 남편이 자신의 내향성과 감정을 거부한다면, 아내의 행동에 내향성과 감정이 나타날 때마다 항상 초조해할 것이다. 예를 들어 사교성이 없는 내향적 사고 유형과 스릴을 좋아하는 외향적 감각 유형이 결혼하거나, 혹은 변덕스러운 외향적 직관 유형과 냉정한 외향적 사고 유형이 결혼하면 어떻게 될 것인지 생각해보자. 그들은 서로 상대방의 약점을 보상하지 않으면 틀림없이 상대방의 신경을 건드릴 것이다. 융은 결혼한 후에는 상대의 성격을 바꾸려고 해도 이미 늦은 일이라고 말하고 있다.

그러나 같은 타입의 사람끼리라면 원만한 결혼생활을 할 수 있다고 보장할 수도 없다. 그들은 의식적으로는 같은 태도, 흥미, 체계를 갖고 있으며, 그로 인해 조화된 관계를 이룰 수 있다. 그러나 두 사람은 서로의 상위 태도와 상위 기능을 강화시키고 다른 태도와 기능은 더욱 억압하게 만들 위험도 있다. 그렇게 되면 억압된 태도와 기능이 점점 강해져서 폭발적이고 파괴적인 행동을 초래할 위험이 커진다. 그리고 두 사람의 인격에 비슷한 점이 너무 많기 때문에 오히려 서로의 신경을 거슬리게 하는 경우도 있다.

융은, 조화는 개인 속에서 확립되어야 하며 다른 사람과 상보적인 관계를 통해 확립하려 해서는 안 된다고 생각하고 있었다. 두 가지 태도와 네 가지 기능에 균일하게 에너지를 배분한다는 의미에서 완전한 정신적 조화를 달성한다는 것은 불가능한 일이지만, 모든 태도와 기능을 되도록이면 완전히 개성화하여 그 중 어느 것도 지나치게만 억압하지 않으면 불균형을 최소한도로 막을 수 있다. 한쪽으로 기울어지기만 하면 해로운 결과를, 나아가 비참한 결과를 가져올 뿐이라는 것이 융 학파의 일반적인 견해다. 각자 인격의 모든 태도와 기능이 발달하여 충분히 개성화된 두 사람 사이에서만 비로소 최선의 우정과 결혼이 성립된다.

각각의 유형별로 특정한 형태의 신경증 또는 정신병이 발생되는 경향이 있다. 외향적 감정 유형은 히스테리, 내향적 감정 유형은 피로, 탈진, 에너지 소실을 주요 증상으로 하는 신경쇠약에 걸리기 쉽다. 감각 유형은 공포증, 강박신경증에 걸릴 위험이 있다. 이러한 병리 현상은 통상 환경의 극단적인 압력에 의해 과도하게 자신을 억압했을 때 일어난다.

직업을 선택할 때도 자신의 성격 유형을 고려할 필요가 있다. 내향자가 자동차 외판원이 되려고 하거나 외향자가 경리 업무를 보려고 하는 것은 그리 타당한 선택은 아니다. 감각 유형은 훌륭한 경관이나 소방수는 될 수 있을지 모르지만 선생님이나 성직자로서는 적합하지 않을 수 있다. 직관 유형은 수선공이나 문제 해결사로는 적합하나 반복적이고 틀에 박힌 공장일을 하는 데는 적합하지 않다. 감정 유형은 지속적으로 추상적인 사고를 해야 하는 일은 피하는 것이 좋으며, 사고 유형은 감정적인 문제에 말려들기 쉬운 직업은 피해야 할 것이다. 불행한 일이지만 사회적인 압력과 자기 중심성, 그리고 그 밖의 여러 가지 영향으로 인해 자신의 성격 유형과 반대되는 직업을 선택하는 사람이 있다. 그 결과 그는 불행해지고 불만과 정서장애의 희생자가 되고 만다. 자신의 정신적 안정을 희생하면서 그 직업을 계속한다면, 그에게는 틀림없이 정신질환이 발병한다. 그것은 치명적일 수도 있다. "너 자신을 알라"는 소크라테스의 유명한 말은 모든 사람에게 중요한 교훈이다.

끝으로 지적하고 싶은 것은 융의 유형론이 심리학자들의 엄중한 비판을 받았다는 점이다. 그들은 인간은 여덟 가지나 팔십 가지 종류로 분명하게 나눌 수 있는 존재가 아니며, 누구나 독립적인 존재이며, 특정한 범주에 속하는 일원이 아니라고 주장한다.

이러한 비판은 융의 관점에 대한 오해에서 비롯되었다. 융의 의도는 개인 정신의 독특함을 문제 삼으려는 것이 아니었다. 그의 유형론은 인간이 서로 어떻게 다른지를 보여주기 위해 각각의 특징을 나타내는 체계를 제시하는 것이다. 융이 제시한 태도와 기능은 모든 사람의 인격 속에 존재하지만 의식과 무의식의 정도 및 수준의 차이에 따라 서로 달라진다. 어떤 사람은 다른 사람에 비해 월등하게 개성화되어 있다. 아무튼 융의 유형론은 개인차를 서술하기 위한 체계이며, 모든 사람을 여덟 가지 고정된 유형 가운데 어느 하나에 속하게 하기 위한 체계는 결코 아니다.

6 요약

융의 유형론은 두 가지 태도(외향성과 내향성) 및 네 가지 기능 (사고, 감정, 감각, 직관)으로 구성되어 있으며, 모두 여덟 가지 성격 유형으로 구분된다. 각각의 태도와 기능이 의식적으로 발달되어 있는가 또는 무의식에 머물러 미발달된 상태인가의 정도 차이가 개개인에게 광범위한 변화를 만들 수 있다.

6장

상징과 꿈

융은 상징화 과정에 관한 연구와 저술을 통해 다른 어떤 심리학자보다도 이 분야에 세심한 공헌을 했다. 그의 전집 열여덟 권 가운데 다섯 권이 종교와 연금술에서의 상징화를 다루고 있는데, 사실상 이 테마는 그가 쓴 모든 저술에서 빈번히 거론되고 있다.

융의 중요한 두 가지 개념은 '원형'과 '상징'이라고 해도 과언이 아닐 것이다. 이 두 가지 개념은 밀접하게 관련되어 있으며, 상징은 원형의 외형적 표현이다. 원형은 집단 무의식 속에 깊이 묻혀 있어서 개인이 알지 못하며 알 수도 없기에 원형은 상징을 통해서만 표현될 수 있다. 그럼에도 원형은 개인의 의식적인 행동에 끊임없이 영향을 미치고 있다. 집단 무의식에 대해 조금이라도 알려고 한다면,

융이 프로이트에게 보낸 결별 편지
"친애하는 교수님, 개인적 관계를 끝내려는 당신의 희망에 따릅니다. 나는 결코 타인에게 호의를 강요하고 싶지 않기 때문입니다. (…) 융 올림." (1913년 1월 6일)

상징, 꿈, 공상, 환상, 신화, 예술을 분석하고 해석해야만 한다.

이와 같은 내용들은 융의 초기 저서인 《변형의 상징》에 기술되어 있다. 1911년에 쓴 이 책은 융이 프로이트의 가르침에서 이탈한 것을 시사하고 있으며, 몇 년 후 실제로 이 두 사람은 완전히 결별하게 되었다. 융이 이 책을 기반으로 정신 영역에 있어서 중요한 여러 가지를 계속해서 발견했다는 점은 더욱 뜻깊다.

1 확충

《변형의 상징》은 어떤 젊은 미국 여성에 의한 일련의 공상을 세밀히 분석한 것이다. 융은 이 사례 및 그 후의 연구에서 사용한 분석법을 '확충(amplification)'이라고 불렀다. 이 방법을 사용하려면 분석가는 특정한 언어적 요소 또는 이미지에 관해 가능한 많은 지식을 모두 집적해야 한다. 이 지식은 여러 가지 원천에서 얻을 수 있다. 그 원천은 분석가 자신의 경험과 지식, 그 이미지를 일으킨 사람에게서 얻을 수 있는 정보 및 연상, 역사상의 참고 자료, 인류학 및 고고학적 발견, 문학, 예술, 신화, 종교 등일 것이다.

예를 들어 한 젊은 여성은 〈나방과 태양〉이라는 시를 썼다. 이 시는 태양이 단 한 번이라도 '황홀한 눈길'을 쏟아준다면 죽어서도 행복하겠다고 생각하는 나방에 관한 것이었다. 융은 태양을 그리워하는 나방의 이미지를 확충하는 데 38페이지나 되는 한 장(章)을 모두 사용하고 있다. 이 확충 과정에서 융은 괴테의 《파우스트》, 아폴레이우스의 《황금 노새》, 기독교의 성서, 이집트나 페르시아의 경전 구절, 마르틴 부버, 토머스 칼라일, 플라톤, 근대시, 니체, 정신분열병 환자의 환각, 바이런 경, 《시라노 드 베르주라크》, 그리고 그 밖의 많은 참고 자료를 언급하고 있다. 확충법은 분석가의 박식함과 학식을 필요로 한다는 것을 알 수 있다.

융은 이 책의 저자들 중 한 사람과 대화를 하는 도중 자신이 여러 분야에 걸쳐 방대한 지식을 갖게 된 것은 여러 계층의 환자를 치료했기 때문이라고 밝혔다. 환자들 대부분은 수준 높은 교육을 받고 있었으므로, 융은 그들의 꿈이나 상징을 확충하려면 그들의 전문 분야에 대해 공부해야만 했다. 예를 들어 융 학파의 분석을 받고 있는 이론물리학자라면 자신의 콤플렉스나 원형을 현대 물리학의 용어나 개념으로 표현할 것이다.

확충의 목적은 꿈, 공상, 환각, 그림 등 인간에게서 생긴 모든 상징적인 의미와 원형적 근원을 이해하는 데 있다. 예컨대 융은 나방의 노래에 대해 다음과 같이 쓰고 있다.

"우리는 〈나방과 태양〉의 상징을 통해서 정신의 역사적인 층들까지 깊숙이 파고들었으며, 발굴해가는 과정에서 그곳에 묻혀 있던 어떤 우상, 태양—영웅, '타오르는 불길 같은 머리칼 위에 번쩍이는 왕관을 쓴 아름다운 젊은이'를 발견했다. 죽어야 하는 인간으로서는 영원히 그에게 접근할 수 없으나, 그는 지구의 주위를 돌아 낮다음에 밤을, 여름 다음에 겨울을, 삶 다음에 죽음을 불러들이고,

다시 광채를 되찾아 새 세대에 빛을 던진다. 이 시를 쓴 여성(몽상가)은 영혼 깊은 곳에서 그를 동경하고, '영혼—나방'은 그를 위해 그녀의 날개를 태워버린다."(Vol.5, p.109) 우리는 태양—영웅 속에서 어떤 원형의 표상, 태양의 위대한 힘과 광채를 체험한 인간의 무수한 세대가 남긴 산물을 본다.

융은 연금술에 커다란 관심을 보였다. 일반적으로 중세의 연금술사들은 비(卑)금속을 금으로 바꾸려 한 것으로 알려져 있다. 그러나 실제로는 연금술은 화학 실험을 통해 표현된 매우 복잡한 철학이었다. 중세의 철학자나 과학자는 연금술을 매우 진지하게 받아들였으며, 이 문제에 대하여 방대한 문헌을 남겼다. 현대 화학은 연금술에서 시작되었다고 말할 수 있다.

파라켈수스(1493~1541년)
스위스의 연금술사이자 의사였던 그는 관찰과 경험에 근거하여 약학 연구를 했고, 근대적 의료의 선구자가 되었다.

융의 마음이 연금술에 이끌린 것은, 전부는 아닐지라도 연금술의 철학 및 실험의 상징 체계가 인간에게 유전된 원형을 상당 부분 나타내고 있다는 생각 때문이었다. 융은 독특한 학문적 열정으로 연금술에 관한 방대한 문헌을 읽고, 심리학과 관련된 연금술의 의의에 관한 책을 두 권이나 썼다.

《심리학과 연금술》은 특히 심리학자에게 흥미로운 것으로, 융이 이 책에서 20세기에 정신분석을 받고 있고, 연금술에 대해서는 아무것도 모르는 환자의 꿈이나 환상 속에서 중세 연금술의 상징 체계가 어떻게 재현되고 있는지를 보여주기 때문이다.

어떤 꿈에서 사람들이 네모난 광장을 따라 왼쪽으로 걷고 있다. 꿈을 꾸고 있는 당사자는 한쪽에 서 있다. 그 사람들은 긴팔원숭이를 다시 조립해야겠다고 말한다. 여기서 네모난 광장은 연금술사의 작업을 상징하며, 아무렇게나 놓여 있는 주 재료들의 덩어리를 네 가지 원소로 분해하는 것을 상징하고 있다. 그 작업은 더욱 완전한 금속으로 재합성하기 위한 준비 단계이다. 광장 걷기는 재합성된 금속을 상징하고 있으며, 긴팔원숭이는 금으로 바뀌는 어떤 금속 물질을 의미한다.

융에 의하면 이 꿈은 환자(합성 작업을 하는 옆에 떨어져서 서 있는 사람)가 그의 인격에서 의식적 자아로 하여금 지배적인 역할을 하도록 허용하는 것이 지나쳐 자기 본성의 그림자적 측면을 개성화하고 표현하는 것은 게을리하고 있음을 의미한다. 연금술사가 비금속들을 적절히 혼합해야만 목표를 달성할 수 있었던 것처럼, 이 환자는 자기 인격의 '모든' 요소를 통합해야만 내적 조화에 도달할 수 있다.

또 다른 꿈에서는 꿈을 꾸고 있는 당사자 앞의 테이블에 젤리 같은 물질이 가득 든 컵이 놓여 있다. 컵은 연금술사가 증류를 위해 사용한 도구를 나타내고 있으며, 컵 속에 들어 있는 것은 연금술사가 현자(賢者)의 돌(石)로 바꾸려고 한 무형의 물질을 나타내고 있다. 현자의 돌은 비금속을 금으로 바꾸는 힘을 갖고 있다. 이 꿈에서의 연금술적 상징은, 꿈을 꾼 당사자는 자기 자신을 초월적(통합된) 인간으로 바꾸려 하고 있거나 또는 바꿔야만 한다고 생각하고 있음을 보여준다.

물의 꿈은 연금술의 화주(火酒)나 생명수의 재생력을 나타낸다. 푸른 꽃을 찾아내는 꿈에서 꽃은 현자의 돌이 산출되는 곳을 상징한다. 금화를 땅바닥에 내던지는 꿈은 완전히 합성된 물질을 만들어내려는 연금술사의 희망에 대한 조소를 표현한다. 융은 환자가 수레바퀴를 끄는 꿈을 꾸면, 그 수레바퀴를 연금술사의 수레바퀴와 관련지어 이것이 물질을 변형하기 위한 증류 작업 속의 순환 과정을 나타낸다고 생각한다. 마찬가지로 융은 환자의 꿈에 나타난 달걀은 연금술사가 작업을 시작하기 위해 맨 처음 손을 대는 최초의 금속을 나타내고, 다이아몬드는 연금술사가 탐내는 돌을 표시하고 있다고 해석한다.

어떤 꿈에서든, 환자가 자신의 문제나 목표를 나타내기 위해 사용한 상징과 중세의 연금술사가 그 작업을 나타내기 위해 사용한 상징은 매우 비슷하다. 이 특별한 꿈들은 연금술사가 사용한 도구나 물질을 그대로 나타내고 있다. 융이 꿈에 나타나는 것을 고대 연금술 책의 그림에 나와 있는 것 그대로 지적할 수 있었던 것은 연금술에 대한 문헌들에서 얻은 지식이 있었기 때문이다.

이 연구를 토대로 그는 화학 실험에 나타나 있는 중세 연금술사의 노력과 환자들의 노력은 완전히 동일하다는 결론을 내렸다. 연금술사가 물질을 변형(개성화)하여 완벽한 물질을 얻으려고 하는 것처럼, 환자도 꿈속에서 자기 자신을 개성화하여 통합을 달성하려 하는 것이다. 융은 꿈에 나타나는 여러 가지 이미지와 연금술의 작업 및 도구가 보편적인 원형의 존재를 보여주는 증거라고 생각한다.

더구나 융은 아프리카나 그 밖의 여러 지역에서 인류학적 조사를 실시함으로써 원시 종족들의 신화에서 동일한 원형이 표현되고 있는 것을 발견했다. 원형은 고금(古今)의 종교나 예술에도 표현되어 있다. 융은 다음과 같이 결론지었다. "개인마다 원형적 체험의 표현 형식은 수도 없이 다양할 수 있지만, 연금술의 상징과 마찬가지로 그것들은 모두 일정한 중심적 유형에서 비롯된 여러 가지 변형이며, 이 중심적 유형은 보편적이다."(Vol.12, p.463)

융의 논문들 중 가장 흥미를 끄는 하나는 '현대 신화' — 날아가는 비행접시 — 의 상징을 논한 것이다. 융은 비행접시가 실제로 있는지 없는지를 증명하려고 하지 않는다. 오히려 "어째서 이처럼 많은 사람들이 비행접시를 보았다고 믿고 있는 것일까?" 하는 심리학적인 의문을 제기한다. 이 의문에 대해 — 그는 심리학자가 논할 수 있는 것은 이 문제뿐이라고 말한다 — 그는 꿈, 신화, 예술, 역사적 참고 자료를 이용해, 날아가는 비행접시는 전체성의 상징이라고 답한다. 그것은 빛을 내는 원반, 즉 만다라다. 그것은 다른 별(무의식)에서 지구로 오며, 그 속에는 낯선 생물(원형)이 있다.

융의 이 전형적인 분석(확충)은 순전히 심리학적이며, 비행접시가 실제로 있느냐 없느냐 하는 것과는 상관이 없다. 덧붙여 만일 그

티베트의 모래 만다라
융은 격렬한 무의식 체험 후 스스로 그린 원형 그림을 티베트의 만다라를 따라 '만다라'라고 불렀다.
만다라는 중심을 가지고, 인간 마음의 우주를 나타내는 것이라고 한다.

것이 실제로 있다면, 그것을 발명한 사람과 그것을 본 사람은 동일
한 통합의 원형에 지배되고 있다고 말할 수 있을 것이다. 심리학자
가 흥미를 갖고 있는 실재는 정신의 실재뿐이다. 외계의 실재는 자
연과학자의 관심사다.

융은 1950년대에 절정에 달한 비행접시에 대한 관심은 세계의
혼란과 대립의 결과였다고 융은 말한다. 당시 사람들은 냉전과 국
제 분쟁의 무거운 짐에서 해방되어 조화와 통합을 이루기를 바라고
있었다. 융은 위기의 시기에는 새로운 상징을 생각해내거나, 낡은
상징이 소생되기도 한다고 지적했다. 예를 들어 불안정하고 비인간

적인 시대에는 점성술에 의지해 자신의 개성을 찾아내려는 사람이 있다. 혹은 자신의 상징적인 표상을 찾기 위해 동양의 종교나 철학, 원시 기독교로 눈을 돌리기도 한다.

2 상징

융의 상징 이론을 좀 더 체계적으로 논해보기로 하자. 융에 따르면 상징은, 한밤중 꿈에 나타나는 것이든 한낮에 깨어 있는 생활에서 사용하는 것이든 간에 두 가지 중요한 목적에 사용된다. 그 하나는 상징이 만족되지 않은 본능적인 충동을 만족시키려는 시도라는 것이다. 상징의 이러한 측면은, 상징을 충족되기 바라는 욕구가 위장된 것으로 보는 프로이트의 생각과 일치한다. 한낮의 생활에서 거의 제지당하는 성적 욕구나 공격적 욕구는 꿈을 통해 여러 가지 상징으로 나타난다.

상징은 위장(僞裝) 이상의 것이다. 상징은 원시적인 본능적 충동이 변형된 것이기도 하다. 상징은 본능적인 리비도를 문화적인 또는 정신적인 가치로 돌리려 한다. 문학이나 예술, 그리고 종교도 생물학적 본능의 변형이라는 것은 잘 알려진 견해다. 예를 들어 성 에너지가 다른 곳으로 돌려져 예술의 한 형식인 무용이 되고, 공격 에너지가 다른 곳으로 돌려져 경쟁적인 게임이 된다.

그러나 융은 상징이나 상징적인 행동은 본능 에너지가 단순히 그 본래의 대상에서 대리 대상으로 가도록 만드는 수단에 그치는 것이 아니라고 주장한다. 예를 들어 무용은 성 활동의 단순한 대용품이 아니라 그 이상의 무엇이다.

융의 상징 이론의 특징은 그의 다음과 같은 발언에 잘 나타나 있다. "상징은 누구나 알고 있는 무엇인가를 덮어 감추는 기호(記號)가 아니다. 상징의 중요성은 그런 것이 아니다. 오히려 상징은 유추를 통하여 미지의 영역에 전면적으로 속해 있는 그 무엇이나, 혹은 앞으로 속할 무엇인가를 해명하려는 시도이다."(Vol.7, p.287) 이미 우리는 제3장에서 에너지 통로의 형성과 관련하여 상징화에 의한 유추 형상에 관해 논한 바 있다.

'완전히 미지의 것이고 형성 과정에 있는 데 불과한 것'이란 무엇일까? 그것은 집단 무의식에 묻혀 있는 원형이다. 상징이란 무엇보다 원형을 표현하려는 시도지만, 그 결과는 언제나 불완전하다. 융은 인간의 역사는 더 나은 상징을 탐구해온 기록이며, 그 상징은 원형을 완벽하게, 그리고 의식적으로 실현하는(개성화하는) 것을 의미한다고 했다.

역사상의 어떤 시대, 예컨대 초기 기독교 시대나 르네상스 시대에는 훌륭한 상징이 많이 나타났다. '훌륭하다'는 말은 인간 본성의 많은 면을 실현했다는 의미다. 또 다른 시대, 특히 20세기에는 상징은 불모 상태가 되고 일방적인 것이 되는 경향이 있다. 현대의 상징은 주로 기계, 무기, 기술(technology), 국제 기업, 정치 조직으로 이루어져 있다. 이런 것들은 그림자 및 페르소나의 표현일 뿐이며, 정신의 다른 면은 소홀히 하고 있다. 융은 인류가 전쟁으로 상징 자체를 파괴해버리기 전에 더 나은(일체화된) 상징을 창조하기를 강력히 바라고 있었다.

융이 연금술의 상징 체계에 이끌린 것은 거기서 인간성의 모든 면을 포함하려는, 그리고 모든 대립하는 힘을 모아 하나의 통일체를 만들려는 노력을 보았기 때문이다. 만다라 혹은 마법의 원(圓)은 초월적인 자기의 주요한 상징이다.

결국 상징이란 정신의 표상이며 인간성의 모든 면을 투사하고 있다. 상징은 종족이나 개인이 획득하고 저장한 인류의 지혜를 표현하려는 것일 뿐만 아니라, 개인의 미래를 예비하는 발달의 여러 수준을 나타낼 수도 있다. 상징은 인간의 운명, 미래의 정신적 혁명 여부를 보여준다. 그러나 인간은 상징에 포함되어 있는 지식을 직접적으로 알 수 없다. 이 중요한 메시지를 발견하기 위해서는 확충법을 통해 상징을 해독해야만 한다.

상징은 동전의 양면처럼 두 가지 면을 지니고 있다. 본능이 인도하는 과거 지향적인 측면과, 초월적인 인격의 궁극적인 목표가 인도하는 미래 지향적인 측면이다. 동전의 어떤 면을 사용해도 상징을 분석할 수는 있다. 과거 지향적인 분석은 상징의 본능적 기반을 나타내고, 미래 지향적인 분석은 성취, 재탄생, 조화, 순수, 기호에 관한 인간의 열망을 나타낸다. 전자는 원인론적이고 변환적인 분석이며, 후자는 목적론적이고 결과론적인 분석이다. 완전한 설명을 위해서는 양자 모두 필요하다. 융은, 상징이 단순히 본능적인 충동과 욕구의 산물에 불과하다는 견해로 인해 상징의 미래 지향적인 측면이 무시되어왔다고 생각했다.

상징의 정신적 강도는 항상 그 상징을 산출해낸 원인의 가치보다 크다. 이것은 상징이 창조된 배후에는 추진력과 견인력 모두가 존재한다는 것을 의미한다. 추진력은 본능 에너지에서 오고, 견인력은 초월적인 목표에서 온다. 어느 한쪽만으로는 상징을 만들어내지 못한다. 이처럼 상징의 정신적 강도는 원인론적인 결정 요인과 목적론적인 결정 요인의 총합이므로, 원인론적 요인 하나에 의한 가치보다 그 강도가 훨씬 세다.

3 꿈

1900년에 프로이트의 《꿈의 해석》이 출간되자마자, 융은 이 책을 읽었고, 1902년에 발표한 자신의 박사학위 논문에서 몇 차례 인용했다. 그러나 정신에 대한 융의 시각은 프로이트와는 크게 거리가 있었기 때문에 융은 프로이트의 정신분석을 떠나 독자적인 사상과 개념을 발전시켰다. 그래서 융의 꿈 이론은 빈의 정신분석학파와 크게 달라지게 되었다.

프로이트와 마찬가지로 융에게도 꿈은 무의식의 가장 명확한 표현이다. "꿈은 무의식적인 정신의 편견 없고 자발적인 산물이다. (…) 꿈은 꾸미지 않은 본성의 진리를 보여준다."(Vol.10, p.149)

꿈에 대해 고찰할 때, 우리는 우리의 기본적인 본성에 대해 고찰하고 있는 것이다.

모든 꿈이 이러한 목적에 항상 유용한 것은 아니다. 꿈의 대부분은 당일 몰두했던 내용과 관련이 있을 뿐, 꿈을 꾼 당사자의 정신의 심층을 조명하는 일은 거의 없다. 간혹 자신의 생활과 너무나 동떨어지고, 너무나 '불가사의하고' (강렬하고 감동적인 체험에 대해 융이 자주 썼던 말), 너무나 기이하고

프로이트의 《꿈의 해석》(1900년)
융은, 꿈은 무의식의 희망을 나타내고 있다는 이 획기적인 논문을 가장 먼저 읽었지만 처음에는 그 진의를 이해할 수 없었다.

섬뜩하기 때문에 당사자가 꾸었다고는 볼 수 없는 꿈이 있다. 그것은 딴 세계에서 온 것처럼 보이는데, 정말 그러하다. 딴 세계란 숨겨져 있던 무의식의 세계다. 먼 옛날, 그리고 오늘날에도 어떤 민족들 사이에서는 그런 꿈을 신 또는 조상들의 계시로 받아들이고 있다.

융은 이런 꿈을 '큰' 꿈이라고 부르고 있다. 그런 꿈을 꾸는 것은 무의식에 혼란이나 파탄이 있을 때인데, 자아가 외부 세계를 만족스럽게 처리하지 못할 때 발생한다. 정신분석을 받고 있는 사람들은 때때로 '큰' 꿈을 꾸는데, 이것은 치료가 무의식을 교란하기 때문이다. 제1차 세계대전 후 독일인 환자들이 융에게 말한 꿈을 바탕으로 융은 '금발머리 야수'가 지하 감옥에서 뛰쳐나와 세계를 황

〈불꽃 속의 성자〉

융이 1914년 1월 22일에 꾼 꿈을 바탕으로 1920년에 그린 그림. 1914년 8월 제1차 세계대전의 발발을 예지한 꿈으로 알려져 있다.(《적서》에서 발췌)

폐화하기 위해 기회를 엿보고 있다고 예언했다. 이 예언은 히틀러가 권력을 장악하기 몇 해 전에 있었다.

이미 말한 바와 같이 융은, 상징이 억압된 욕구의 위장된 표현이라는 프로이트의 기본적인 견해에 반대했다. 융에 따르면 꿈의 상징은 물론이고 다른 어떠한 상징들도 아니마, 페르소나, 그림자, 그 밖의 여러 원형을 개성화하고 통합하여 균형 잡히고 조화된 전체를 만들어내려는 시도를 한다. 실제로 꿈은 과거에 깊이 파고들어 낡은 기억이 되살아나게 한다. 더욱 중요한 점은 꿈—적어도 그 일부—이 인격 발달이라는 목표를 실현하기 위한 투사라는 것이다. 꿈은 과거뿐만 아니라 미래도 가리킨다. 꿈은 해독해야 할 메시지이며, 따라야 할 길잡이다. "미래 지향적 기능이란 (…) 미래의 의식적 성과에 대한 예지이며, 예비적인 연습 또는 초안, 미리 대충 정한 계획과 같은 것이다. 꿈의 상징적인 내용은 때때로 갈등을 해결할 수 있는 방법을 대강이라도 보여준다."(Vol.8, p.255) 그러나 융은 이 타입에 속하는 꿈은 많지 않기 때문에 모든 꿈을 미래 지향적인 꿈으로 보지는 말라고 경고한다.

다른 각도에서 볼 때 꿈은 보상을 해주는 면이 있다. 꿈은 소홀히 하여 미분화된 정신적 측면을 보상하며, 궁극적으로는 결손된 균형을 되찾으려 한다. "꿈의 일반적인 기능은 정신 전체의 균형을 재건하는 꿈의 재료를 산출함으로써 심리적 균형을 회복하려는 것이다."(*Man and His Symbols*, 1964, p.50)

A. 연속되는 꿈

프로이트 학파처럼 하나의 꿈을 분석할 수도 있지만, 개인이 일정한 기간에 걸쳐서 꾼 일련의 꿈들을 분석할 수도 있다고 주장한 사람은 아마도 융이 처음일 것이다. 사실 융은 단일한 꿈의 해석에는 거의 중점을 두지 않고 환자에게 꿈의 일기를 세밀히 기록하도록 했다.

일련의 꿈은 한 권의 책에서 장(章)에 해당된다. 각 장은 이야기 전체에 새로운 무엇인가를 덧붙이고, 이를 모두 정리하면 일관된 인격 상(像)이 나타난다. 그것은 마치 조각그림 맞추기의 단편들을 모두 맞추면 하나의 그림이 이루어지는 것과 같다. 뿐만 아니라 일련의 꿈에서는 당사자가 몇 번이나 되풀이하는 테마가 나타나므로, 이를 통해 개인 정신의 주요 관심사를 밝힐 수 있다. 우리도 연속되는 꿈을 연구하는 방식을 이용해 좋은 성과를 얻을 수 있었다.(Hall, 1966 ; Hall and Lind, 1970 ; Bell and Hall, 1971 ; Hall and Nordby, 1972)

융의 방식으로 연속되는 꿈을 분석한 몇 가지 예를 들어보겠다. 어떤 엔지니어가 몇 해 동안 자신의 꿈을 기록했다(그는 당시 30대였다). 그는 반복해서 몇몇 여자 친구와 친밀한 성 관계를 갖는 꿈을 꾸었다. 결혼은 했으나 그의 성생활은 빈번한 자위 행위를 제외하면 사실상 별볼일없었다. 자위 행위를 할 때는 꿈 내용을 공상했다. 그는 결혼하기 전에는 성 관계를 가진 적이 한번도 없었고, 결혼한 후에도 아내가 아닌 여자와는 성 관계를 하지 않았으나 아내와의 관계에 점점 만족하지 못하게 되었다. 아내의 주장대로 그는 정관수술을 받았다. 더는 자식을 갖지 않기 위해서였던 것 같다.

수많은 성교의 꿈은 낮 동안 그의 생활에서 결여되었던 부분을 보상해주었다. 성교 꿈의 대부분은 매우 사실적이고 상세하고 격렬했다. 이는 프로이트 학파가 말하는 욕구 충족의 의미였음에 틀림없다. 그러나 융 학파의 관점에서 볼 때 그 꿈은 그가 만족스런 성생활을 하지 못하는 이유도 보여준다. 그는 생활의 구석구석에 이르기까지 자제력이 강해서, 인격의 그림자 측면을 돌보지 않고 있었다. 그 결과 그는 낮에는 성적 공상에 시달리고, 밤에는 성적 내용의 꿈에 시달리게 되었다. 꿈은 자기 본성의 일부를 소홀히 하면 반드시 생활이 엉망으로 된다는 것을 그에게 알려주려고 했다. 실제로 이러한 억압은 그의 결혼과 일, 인간 관계에 비참한 영향을 미쳤다. 그의 성교 꿈은 미분화된 그림자의 특징인 거칠고 강박적인 성질을 지니고 있었다.

결혼생활이 원만하지 못했던 어떤 젊은 여성은 남자들과 싸우고 남자들에게 강간을 당하는 꿈을 자주 꾸었다. 낮 동안의 생활에서도 남자 관계가 대단히 만족스럽지 못했다. 그녀가 복종과 지배 사이에서 갈피를 못 잡고 있었기 때문이다. 그녀는 때로는 애정이 깊고 인정이 많으며 부드러웠다. 그러나 때로는 얄밉고 이기적이며 도전적이었다. 융이라면 이러한 여성은 아니무스, 즉 여성 인격의 남성적인 요소에 희생되고 있다고 말할 것이다. 그녀가 자신의 남성다움을 회피하고 있다는 것이 그 핵심이다. 그녀는 자신의 남성다움을 명확히 의식할 수는 없었지만, 그것을 내면의 적이자 파괴해야 하는 이질적인 것으로 느끼고 있었다.

그녀는 꿈속에서와 마찬가지로 한낮의 생활에서도 만족스러운 남자 관계를 가질 수 없었다. 그녀에게 있어서 남자들이란 그녀 자신의 증오스러운 남성적 요소의 실재였기 때문이다. 잠들어 있든 깨어 있든 간에 그녀의 아니무스가 요동칠 경우, 그녀의 행동은 그동안 소홀히 하고 있던 것을 과잉 보상했다. 그녀는 점차 지나치게 남자답거나 지나치게 강경해지기도 했다가는 곧 이어 유순하고 굴종하는 여성이 되기도 했다. 그녀는 조금 전까지만 해도 남성적인 캐리커처였다가 금세 여성적인 캐리커처를 보이기도 했다.

그녀의 성 관계가 불만스러웠던 것은, 그녀가 성 행위란 남성적 요소가 자신의 육체로 침투해 들어오는 것이라고 생각했기 때문이다. 그녀는 이런 느낌을 알고는 있었다. 그녀가 의식적으로는 알지 못했던—그러나 그녀의 꿈은 알고 있었던—것은 자신의 아니무스에 의해 정신이 침해되는 것을 두려워하고 있다는 사실이다. 그녀는 때때로 자신의 발달되지 못한 원시적인 아니무스에게 협박을 당했다. 그녀의 남자 관계가 원만치 못했던 것은 아니무스와의 관계가 원만하지 못했기 때문이다. 다른 사람들과 관계가 원만하지 못하다면 우리는 항상 우리 정신 속에서 그 원인을 찾아야 한다. 우리는 자신의 정신 상태를 남에게 투사하기 때문이다.

그녀가 자신의 남성적 요소를 거부하기 시작한 것은 어린 시절부터였다. 당시 그녀의 어머니는 그녀에게 남자들에 대한 비난과 독설을 자주 들려주었다. 증오해야 할 남자의 이미지가 그녀의 마음 속에 아로새겨졌고 남자들과의 경험이 이 이미지를 뒷받침해주었다. 그녀는 점점 더 강하게 자신의 아니무스를 거부하게 되었다.

동시에 그녀의 어머니는 항상 '숙녀다워야' 한다고 강조했다. 이 거짓 여성다움이 그녀의 가면(페르소나)이 되었다. 가장(假裝)이 본성을 대치했다.

융은 외적 갈등—이 경우는 남자들과의 갈등—은 항상 그리고 반드시 인격 내부의 부조화를 투사한다고 말하고 있다. 외적 증상을 치료하는 것으로는 갈등이 해소되지 않는다. 외재화된 갈등을 개선하기 위해서는 내적 부조화를 드러내어 치료해야만 한다. 요컨대 누구든 인격의 핵심을 이루고 있는 원형의 근본적 현실에서 벗어날 수 없다. "모든 문제는 개인에게서 시작된다."

우리는 어떤 사업가의 꿈을 분석하여 특이한 방법으로 그의 아니마 문제를 해결했다. 어릴 때부터 그는 자기 속에 여성적인 성격의 다른 인간이 살고 있다고 느꼈다. 그는 이 다른 인격을 여자 이름으로 부르기까지 했다. 그러나 그는 강한 남성적인 성격을 갖고 있었다. 낮에는 업무상 남자로서 동료들과 함께 보내고, 저녁에 일터에서 돌아와 집에 있을 때는 여자로 사는 것이 그가 택한 문제 해결 방법이었다. 그의 아내는 이러한 변신을 허용했을 뿐만 아니라, 여자답게 몸단장을 하고 말하며 행동하는 방법까지 알려주면서 그를 부추겼다. 그들 부부는 자매와도 같았다. 그러나 아내와의 성 관계에 있어서는 그도 어디까지나 남자였다.

장난꾸러기 어린이가 나오는 몇 가지 꿈을 연구하는 가운데 우리는 그가 어린이라는 결론을 내리게 되었다. 그는 어른이 되어 있지 않았다. 그는 어린이들과 성적인 놀이를 하는 어린아이였다. 융의 말을 빌리면, 그는 어린이 원형의 포로였다. 과보호 어머니와 매력적인 아버지 때문에 어린이의 원형이 그의 정신을 지배하고 있었던 것이다.

융은 꿈을 해석할 때 '고정된' 상징 체계나 꿈 해석 책을 사용할 필요가 없다고 생각했다. 많은 것이 꿈꾼 당사자의 개인적인 사정이나 심리적인 조건과 관련되어 있기 때문이다. 예를 들어 특정한 꿈의 요소를 분석할 때는 꿈을 꾼 당사자의 연령과 성별, 인종 등을 고려해야 한다. 같은 요소라도 사람이 다르면 다른 의미를 가질 수 있으며, 또 사람이 같아도 시기가 다르면 다른 의미를 가질 수 있다. 융은 꿈의 의미에 대해 언제나 마음의 문을 열어놓고 있으려 했다. 따라서 그는 그것을 미리 구상된 이론적인 틀에 맞추려 하지 않았다.

융은 꿈의 중요성에 대해 배우려 한다면 꿈 가까이 머물러 있어야 하며, 꿈을 꾼 당사자의 자유 연상에 이끌려 멀리 떠나 있어서는 안 된다고 생각했다. 융은 자유 연상이 때로는 상관없는 재료를 끌어들여, 꿈을 꾼 당사자가 꿈을 이해하려는 목표를 회피하게 만든다고 생각했다. 반면 꿈의 여러 가지 요소를 확충하는 방법을 사용하면 꿈을 꾼 당사자를 꿈 근처에 머물러 있게 할 수 있다.

융 자신의 계산에 따르면 그가 직업생활을 하는 동안 8만 개 이상의 꿈을 분석하고 해석했다고 하니, 이것만 보아도 그가 왜 전 시대를 통틀어 꿈에 관한 최고의 전문가 중 한 사람으로 대접받고 있는지 알 수 있을 것이다. 상징에 대한 그의 지식에 관해서도 똑같이 말할 수 있다. 그것은 대단히 깊고 넓다. 그 같은 꿈과 상징의 연구가 집단 무의식과 그 원형의 발견으로 이끌었다는 점을 잊어서는 안 된다. 이것이 바로 그의 뛰어난 업적이다.

7장

심리학에서의 융의 위치

이 마지막 장에서는 심리학과 사회에 중대한 의미를 갖는 몇 가지 문제에 대해 융이 어떤 관점을 가지고 있었는지 논하고자 한다. 아주 최근까지도 심리학을 물리학이나 생리학 같은 '실험실 과학'으로 만들려는 시도가 있었다. 즉 심리학자들은 통제가 가능한 실험실이라는 조건에서 실험하여 심리적 현상과 행동을 이해하고자 했다. 그들은 조건을 체계적으로 바꾸다 보면 어떤 특정한 타입의 행동을 일으키는 데 어떤 특정한 변수가 중요한지 알게 될 것이라 생각했다. 과학적 심리학의 목표는 수학적 용어로 표현하듯이 행동의 일반 법칙을 공식화하는 것이었다.

심리학자들이 과학으로서의 심리학 확립에 노력하는 것과 때를 맞추어 정신의학이 의학의 한 분야로서 파생되었다. 정신의학의 과제는 정신질환자를 치료하는 것이었다. 정신과 의사의 도움을 요청하는 사람들 대부분은 일반적인 의미에서는 병에 걸리지 않았음이 밝혀졌다. 그들은 다만 불행하고 불만스러우며 불안한 인간에 불과했다. 하지만 내과나 외과는 그들에게 도움이 되지 못했다.

다른 분야의 의학에서 신체에 관한 지식이 필요했던 것처럼 정신과 의사들에게는 정신에 관한 지식이 필요했다. 과학적 심리학은 정신과 의사가 환자를 다루는 데 필수적인 인간의 정신에 대해 적절한 지식과 이해를 제공하지 못했다.

결국 정신과 의사는 스스로 심리학자가 되어야만 했다. 그들은 인간의 행동과 인격에 관한 정보를 실험실에서의 실험이 아니라 그들 자신의 상담실에서 얻었다. 그들은 자세히 듣고 질문하며 관찰하고, 환자가 말하고 행동하는 모든 것을 분석했다. 그 과정에서 추론했던 것이나 해석했던 것을 검토하고 관찰한 것들과 대조해보았다. 많은 환자를 상대로 이런 방법을 실시해보고 나서 그들은 정신에 관한 여러 개념을 공식화하고 그런 개념들을 정리하여 일반 심리학 이론을 세우기 시작했다.

당시에는 한편으로는 실험실에서 성장한 심리학이 있었고, 다른 한편으로는 정신과 의사의 진료실에서 성장한 심리학이 있었다. 최근 이 두 심리학이 통합되어 하나의 심리학이 되고 있다. 정신과 의사가 공식화한 여러 가지 법칙은 실험실이나 자연조건 하에서 검증되고 있으며, 과학적 심리학이 공식화한 여러 가지 법칙은 치료 상황에서 적합성을 시험하고 있다.

진료실에서 얻게 된 생각을 실험실에서 연구해보거나, 실험실에서 얻은 생각을 진료실에서 적용해보는 것은 쉬운 일이 아니다. 흔히들 정신요법가는 환자 개인과 그의 인격 전체에 관심을 갖고 있으며, 실험심리학자는 지각, 학습, 기억과 같은 특정한 심리 과정과 통계적으로 평균적인 사람만 흥미로워한다고 생각한다. 실험심리학자는 의사(정신요법가)가 과학적이지 않으며, 소수의 '환자'에 대한 내용을 근거로 주관적인 일반화를 한다고 비난한다. 융의 여러 개념은 특히 실험실에서 연구하기가 어렵다. 그리고 그는 신비적인 것에 흥미를 갖고 있었으므로 종종 신비주의자라고 고발되기도 했다. 이런 고발과 비난에 대한 대답은 그가 1930년에 쓴 다음과 같은 글에 담겨 있는 듯하다.

"신비주의는 현대에 유례없는 부흥을 누리고 있다. '그 때문에 서구 정신의 등불은 거의 그 빛을 상실하고 있다.' 지금 나는 우리 학문의 자리매김과 그 전형에 대해 생각하고 있는 것이 아니다. 보통 사람들을 대하는 의사로서, 나는 대학들이 광명의 전파자 노릇을 포기하고 있다는 것을 느낀다. 사람들은 학문의 세분화, 합리주의, 주지주의에 진저리를 치고 있다. 사람들은 제한하는 것이 아니라 확대하는 진리, 감추는 것이 아니라 투명하게 비치는 진리, 물처럼 빠져나가는 것이 아니라 뼈에 사무치는 진리를 듣고 싶어한다. 다만 '이런 식의 지적 탐구라면 너무나 미심쩍어서 대중이 길을 잃어 방황할 때 그들을 이끌어줄 수 없을 것이다.'"(Vol.15, p.58)

융도 처음 한동안은 실험실에서 실험을 하기도 했다. 하지만 그는 주로 환자와 만나고 치료한 경험에서 심리학적 지식을 얻었다. 그는 "나는 무엇보다도 의사이며 실천적 정신요법가다. 나의 심리학적 공식은 모두 일상적인 전문가적 작업을 통해 어렵게 얻은 경험에 근거하고 있다"(Vol.6, p.xiii)고 말한다.

융 심리학은 진료실 이외의 원천에서도 재료를 얻고 있다. 그 원천은 여러 문화에 대한 관찰, 종교, 신화, 상징, 연금술, 신비주의의 비교 연구 등이다. 그러나 그는 그러한 원천은 2차적인 것임을 분명히 했다. "정신 구조 이론은 동화나 신화에서 끄집어낸 것이 아니라 의학적 심리학 연구 현장에서 행한 경험적인 관찰에 근거하고 있으며, 일반 의료에서 멀리 떠난 분야인 비교상징학 연구에 의해 2차적으로 확증된 것이다."(Vol.9i, p.239) 그는 역사학, 인류학, 고고학, 비교해부학, 기타 학문에서 사용되고 있는 비교 연구법은 매우 훌륭한 과학적인 방법이라고 생각하고 있었다.

융은 한 가지 이론에 얽매여서는 안 된다고 생각하는 것 이상으로 한 가지 방법에 얽매여서도 안 된다고 생각했다. 그는 다음과 같이 쓰고 있다. "심리학 이론은 무척 까다롭다. 방향 설정이나 발견의 길잡이를 얻기 위해 특정한 관점이 필요한 것은 사실이지만, 그러한 관점은 언제든 버릴 수 있는 보조적인 개념으로 보아야 한다. 정신에 대해서는 아직 거의 아무것도 알고 있지 못하므로, 우리가 일반 이론을 세울 수 있을 만큼 충분히 진보되어 있다고 생각하는 것은 분명히 어리석은 일이다. 우리는 정신의 현상학적 경험들의 범위조차 확정하지 못하고 있다. 그런데 어떻게 일반 이론을 꿈꿀 수 있단 말인가? 아마도 이론이란 경험 부족과 무지를 가리는 최상의 가면이라는 점은 의심의 여지가 없다. 그런 이론들이란 완고하고, 피상적이며, 학문적 분파주의일 뿐이다."(Vol.17, p.7)

융은 경험적 관찰을 할 때에도 한 가지 방법만을 주로 사용하지 않았던 것처럼, 치료 방법을 한 가지로 제한하는 것도 바람직한 일이 못 된다고 생각하여 적극 피했다. 그것이 정통적인 융 학파의 치료 방법이 없는 이유다. 그는 자신이 치료하고 있는 환자에게 필요하다고 생각되면 어떤 방법이라도 사용했다. 때로는 프로이트의 방법을, 때로는 아들러의 방법을, 때로는 융 자신이 개발한 방법을 적용하기도 했다. 그 방법으로는 꿈의 해석, 환자가 정신 집중을 해서 이미지를 형성하거나 그림을 그리거나 상징을 확충하거나 하는 적극적인 상상법, 단어연상검사가 포함되어 있었다. 또한 그는 매주 환자의 상태에 따라 환자와 만나는 횟수를 조절했다. 그는 되도록이면 면담 횟수를 줄이려고 했으며, 환자를 격려하여 환자 자신이 자기 분석에 책임을 느끼게 했다.

정신의 치료자로서, 그리고 정신의 연구자로서 융이 유연한 성품과 넓은 도량을 지녔다는 것은 그의 커다란 강점이 되었다. 그는 분석심리학이 고정된 일련의 원리와 방법이 되는 것을 원치 않았다. "다양한 정신 경향에 적절히 대처하기 위해서 정신의 본성 속에 점점 깊이 들어갈수록, 인간성의 다양성과 다차원성은 오히려 그보다 더 다양한 관점과 방법을 요구한다는 확신이 점점 강해졌다." (Vol.16, p.9)

융 심리학의 '다양한 관점'은 아마도 왜 융 학파의 정신요법가가 다수파가 아닌가 하는 의문에 답이 될 것이다. 융이 제기한 여러 방법은 인간에 대한 지식을 매우 다양하게 포함하고 있다. 좀 더 정확히 말하면, 융 학파의 치료자는 각각의 환자를 올바로 이해하기 위해 인간에 관한 '보편적 지식'을 가져야만 한다. 우리는 융 학파의 정신 치료법이 가치 있는 이유는, 그것이 매우 복잡하고 적용 가능성이 많으며 다양한 접근 방법을 갖고 있기 때문이라고 생각한다.

과학이란 무엇인가에 대한 융의 견해도 대단히 폭넓다. 융이 학생일 때의 과학계에는 인과론이 널리 퍼져 있었다. 모든 것에는 원인이 있었다. 정신 치료 메커니즘도 환자가 현재 어려운 원인을 과거 생활에서 찾는 식이었다. 프로이트가 어른의 신경증의 원인으로 아동기의 정신적 상처에 최대한 중점을 둔 것은 인과론적 관점의 한 예였다.

융이 인과론을 부정한 것은 아니다. 그 대신 그는 다른 과학적 관점의 타당성도 인정했다. 이 관점을 '목적론' 또는 '목적원인론'이라고 한다. 이 개념을 심리학에 적용하면, 인간의 현재 행동은 미래에 의해 결정된다는 의미이다. 개인의 행동을 이해하려면 과거의 일뿐만 아니라 미래의 목표도 고려할 필요가 있다. 정신 발달에 관한 융의 개념은 대부분—예를 들면 개성화, 통합, 자기 실현 등—발달하고 있는 인격이 지향하는 목표라는 의미에서 목적론적이다. 반드시 의식에 모습을 드러내지는 않지만, 행동에는 지향성이 있다. 꿈도 미래 지향적인 기능을 갖고 있다. 꿈은 과거 기억의 이미지인 것과 같은 정도로 발달의 미래 이미지기도 하다.

융은, 심리학은 인과론과 목적론 두 태도를 모두 취할 필요가 있다고 생각했다.

"정신은 한편으로는 과거에 있었던 모든 것의 잔재와 흔적이 남긴 그림을 그리지만, 다른 한편으로는 정신이 스스로의 미래를 창조하는 한 앞으로 다가올 것의 윤곽을 같은 그림 속에 표현한다." (Vol.3, pp.184~185)

지금도 그렇지만 목적론은 과거에도 많은 과학자들이 받아들이지 않은 이론이다. 그러나 앞에서도 밝힌 바와 같이 융은 여론에 좌우되지 않았다. 융은 아무리 인기가 없더라도 어떤 것이든 다시 한 번 생각할 여유를 가지고 있었으며, 그것을 자신의 작업에 적용하는 데 인색하지 않았던 실용주의자였다. 환자를 이해하고 돕는 데 유용하다는 생각이 들면 그는 그 개념을 주저 없이 적용했다.

융은 인과론이나 목적론은 결국 관찰이 가능한 현상들을 정리하기 위해 과학자가 채택한 자의적인 사고 형식이라는 점을 지적했다. 인과론이나 목적론 자체는 자연에서 발견된 것은 아니기 때문이다.

또한 융은 환자를 치료할 때 목적론적 태도를 갖는 데는 또 다른 실용적 가치가 있다고 지적했다. 인과론적 관점만 갖는다면 환자를 과거에 매어두는 셈이므로, 순수한 인과론적인 태도는 환자에게 체념과 절망을 느끼게 하기 쉽다. 그러나 실패는 이미 저질러졌으며, 그 실패를 없애기는 어렵거나 때때로 불가능하다. 따라서 목적론적 태도는 환자에게 희망과 함께 지향해야 할 목표를 제공한다.

만년에 융은 인과론도 아니고 목적론도 아닌 원리를 제창했다. 융은 그것을 '동시발생론'이라고 불렀다. 이 원리는 동시에 일어나지만 인과 관계가 전혀 없는 일에 적용된다. 예를 들어 어떤 생각이 어떤 일과 동시에 발생할 경우가 있다. 거의 모든 사람이 이런 종류의 동시 발생을 경험한다. 예를 들어 어떤 사람에 대해 생각하고 있을 때 당사자가 모습을 나타내거나 편지를 보내오기도 한다. 혹은 친구나 친척이 병들거나 죽은 꿈을 꾼 바로 그 시간에 정말 그 일이 일어났다는 이야기를 듣는 경우도 있다.

융은 심리학에 동시발생론의 원리를 도입할 필요가 있다는 증거로 정신 감응(텔레파시), 투시, 그 밖의 초능력(paranormal) 현상들에 대한 방대한 문헌을 참고했다. 융은 우연의 일치로는 이러한 경험이 설명되지 않으며, 이는 우주에 인과론으로는 설명할 수 없는 또 다른 질서가 있음을 시사한다고 생각했다. 그는 동시발생론을 원형의 개념에 적용하여, 원형은 외부 세계에서 물리적으로 표현되는 동시에 개인의 내부에서 정신적으로도 표현될 수 있다고 주장했다. 원형이 동시에 발생하는 두 현상의 원인이 아니며, 오히려 한쪽 현상이 다른 현상에 병행하여 일어난다는 것이다.

심리학자, 특히 환자를 다루는 심리학자는 사회비평가가 되기 쉽다. 심리학적 치료를 필요로 하고 그것을 요구하는 사람들의 삶에는 사회의 결함이 확연히 드러나 있고 확대되어 있기 때문이다. 앞서 밝혔듯이 융은 현대 사회의 격렬한 비판자가 될 수 있었다. 때로 그는 대단히 비관적인 심정에 빠졌다. 그럴 때 그는 찌르는 듯한 풍자로 자신의 의견을 표명했다. 여기 한 가지 예가 있다.

"우리의 모든 문화적인 성취는 무엇을 가져왔는가? 그 두려운 대답이 우리 눈앞에 있다. 인간은 공포에서 해방되지 못했고, 소름 끼치는 악몽이 세계를 덮고 있다. 지금까지 이성(理性)은 비참하게 패배해왔고, 누구나 피하고 싶어하던 바로 그것이 활개를 치고 있다. 인간은 유용한 도구들을 고안하여 풍요를 누리고 있지만 깊이를 알 수 없는 나락의 구멍을 뚫어놓았다. 앞으로 인간은 어떻게 될까? 어디서 멈출 수 있을까? 지난번 세계대전 후에 우리는 이성에 희망을 걸어왔다. 지금도 희망을 멈추지 않고 있다. 그러나 이미 우리는 핵분열의 가능성에 매혹되어 황금 시대를 약속하고 있다. 이것은 혐오스러운 황폐가 끝없이 확대되고 있다는 가장 확실한 증거이다.

누가 혹은 무엇이 원인인가? 그것은 바로 악의 없고(!), 독창적이며, 발명의 재능이 풍부하고, 품위 있어 보이는 이성적인 인간이다. 그러나 인간은 불행하게도 자신이 악마에게 사로잡혀 있다는 것을 절망적일 만큼 알지 못하고 있다. 더 나쁜 것은, 이런 인간은 자기 자신을 정면으로 바라보기를 전적으로 회피하고 있으며, 우리도 미친 듯이 그를 돕고 있다는 것이다. 다만 하늘이 우리를 심리학—자기 인식을 하게 될지도 모르는 '저' 악덕〔심리학적 지식을 이용해 자기 인식을 제대로 하게 되면 작금의 사태가 얼마나 끔찍한 것인가를 금방 알 수 있는데, 오히려 사람들은 그것을 악덕으로 몰아붙이고 있음을 비꼬는 말〕—으로부터 지켜줄런지! 차라리 전쟁이라도 하는 편이 나을 것이다. 전쟁이라면 자신이 아닌 다른 누군가에게 책임을 전가할 수 있기 때문이다. 전쟁은 항상 누군가에게 책임을 뒤집어씌운다. 전세계 사람들이 두려워 떨며 도망치는 바로 그 일을 행하고 있으면서도 아무도 그 사실을 알아차리지 못하고 있다."(Vol.9i, p.253)

융은 1948년에 이 글을 썼다. 융이 지금 살아 있다 하더라도 똑같이 썼을 것이다.

융이 항상 이렇게 비관적이지만은 않았다. 융은, 인간의 마음속에는 악마가 도사리고 있어서 그것을 외계에 투사하기도 하지만, 그럼에도 인간은 성실성과 불굴의 정신을 지닐 수 있다는 것을 알게 되어 나락의 밑바닥에서 자신의 삶을 건져낸 환자들과 함께 생활하고 있었기 때문이다.

"정신요법의 첫째 목적은 환자를 실현 불가능한 행복의 상태로 데려다주는 것이 아니라, 고난에 직면하고도 끄떡없는 인내와 확고부동함을 갖도록 돕는 것이다."(Vol.16, p.81) 그러나 인간의 문제에 관한 융의 발언 가운데서도 다음과 같은 발언은 아마도 인간이 지녀야 할 용기를 가장 감명 깊게 표현하고 있는 것 같다.

"인격은 타고난 개인 특유의 성질을 최고도로 실현시킨 형태다. 인격은 자신의 삶 속으로 뛰어들도록 용기를 주는 행위며, 개인을 구성하고 있는 모든 요소의 절대적인 확언이고, 자기 결정을 가능하도록 해주는 자유인 동시에, 실존의 보편적 조건들에 대해 가장 성공적으로 적응하는 것이다."(Vol.17, p.171)

앞으로 융 심리학은 어떻게 될까? 현재는 주요 세력이 아니지만, 향후 심리학에서 주인공이 될 수 있을까? 관념의 세계에 영향력을

탑의 집 기념비 쪽에서 독서하는 융(1958년)
기념비는 융이 1950년, 70살 때 만들어진 것으로, 50cm 사방의 돌에 연금술사의 라틴어 시가 새겨져 있다.

증대시킬 것인가? 아니면 망각의 심연에 가라앉아 역사책의 각주에 이름을 남기는 데 그치고 말 것인가? 섣불리 예언하기는 힘들다. 이미 말한 바와 같이 우리는 특히 젊은이들이 융의 사상에 점점 주목하고 있음을 본다. 이런 현상이 곧 사라질 일시적인 변덕인지, 아니면 사람들의 사고가 항구적으로 이런 경향으로 바뀔 것인지를 보여주는 전조인지 단언할 수 없다. 우리는 후자이기를 바라고 있다. 가끔 예언이 실현되는 경우가 있다. 단순한 예언인데 실현되는 것이다. 우리는 진심으로 우리의 예언이 실현되기를 바라고 있다. 융의 저작이 인류에게 인정되기를 기다리고 있는 중요한 사상의 보고(寶庫)라는 생각이 들기 때문이다.

융을 읽는 것은 독특한 경험이다. 처음에는 잘 모르더라도 그의 논문이나 책을 읽어보면 이 점을 확실히 깨닫게 될 것이다. 융이라는 이 고독한 사나이는 논리와 상식, 정열과 동정을 가지고 인간 정신의 기본적인 진리에 대해 쓰고 있다는 것을 독자들은 문득 느끼게 될 것이다. 독자들은 '인식의 충격'을 여러 번 체험하면서, 지금까지 알고는 있었으나 말로 표현하지 못했던 진리를 깨우치게 될 것이다. 우리와 마찬가지로, 독자들도 융 사상의 대부분이 후대 저술가들의 사상보다 앞서 있었음을 알고 놀라게 될 것이다. 심리학이나 그에 관련된 영역에서 대부분의 새로운 경향이 융에게서 비롯되었다. 융이 처음으로 그 방향을 제시했다.

융의 저서는 우리가 자신과 세계에 대해 무언가 새로운 것을 배우려 할 때마다 끊임없이 되풀이하여 되돌아가도 좋은 지혜와 영감의 마르지 않는 샘이다. 융과 만나는 것이 마음을 부유해지고 새로워지게 만드는 유일하고 독특한 체험인 이유는 그 때문이다.

■ 참고문헌

1장 칼 구스타프 융(1875~1961)

Jung, C. G. *Memories, Dreams, Reflections*. New York: Vintage Books, 1961.

2장 인격의 구조

Jung, C. G. *Collected Works*. Princeton, N. J.: Princeton University Press.

- ○ Vol.7, *Two Essays on Analytical Psychology*
- ○ Vol.8, *The Structure and Dynamics of the Psyche*
- ○ Vol.9i, *The Archetypes and the Collective Unconscious*
- ○ Vol.10, *Civilization in Transition*
- ○ Vol.15, *The Spirit in Man, Art, and Literature*
- ○ Vol.17, *The Development of Personality*

Jung, C. G. *Memories, Dreams, Reflections*. New York: Vintage Books, 1961.

3장 인격의 역동성

Jung, C. G. *Collected Works*. Princeton, N. J.: Princeton University Press.

- ○ Vol.8, *The Structure and Dynamics of the Psyche*

4장 인격의 발달

Jung, C. G. *Collected Works*. Princeton, N. J.: Princeton University Press.

- ○ Vol.8, *The Structure and Dynamics of the Psyche*
- ○ Vol.9i, *The Archetypes and the Collective Unconscious*

○ Vol.12, *Psychology and Alchemy*

○ Vol.16, *The Practice of Psychotherapy*

○ Vol.17, *The Development of Personality*

5장 심리학적 유형

Jung, C. G. *Collected Works*. Princeton, N. J. : Princeton University Press.

○ Vol.5, *Symbols of Transformation*

○ Vol.6, *Psychological Types*

○ Vol.10, *Civilization in Transition*

Jung, C. G. *Man and His Symbols*. Garden City, N.Y. : Doubleday, 1964.

6장 상징과 꿈

Bell, A. P., and Hall, C. S. *The Personality of a Child Molester : An Analysis of Dreams*. Chicago, Ill. : Aldine-Atherton, 1971.

Hall, C. S. *The Meaning of Dreams*. New York : McGraw-Hill, 1966.

Hall, C. S., and Lind, R. E. *Dreams, Life, and Literature : A Study of Franz Kafka*. Chapel Hill, N. C. : University of North Carolina Press, 1970.

Hall, C. S., and Nordby, V. J. *The Individual and His Dreams*. New York : New American Library, 1972.

Jung, C. G. *Collected Works*. Princeton, N. J. : Princeton University Press.

○ Vol.5, *Symbols of Transformation*

○ Vol.7, *Two Essays on Analytical Psychology*

○ Vol.8, *The Structure and Dynamics of the Psyche*

○ Vol.10, *Civilization in Transition*

○ Vol.12, *Psychology and Alchemy*

Jung, C. G. *Man and His Symbols*. Garden City, N.Y.: Doubleday, 1964.

7장 심리학에서의 융의 위치

Jung, C. G. *Collected Works*. Princeton, N. J.: Princeton University Press.

○ Vol.3, *The Psychogenesis of Mental Disease*

○ Vol.6, *Psychological Types*

○ Vol.9i, *The Archetypes and the Collective Unconscious*

○ Vol.15, *The Spirit in Man, Art, and Literature*

○ Vol.16, *The Practice of Psychotherapy*

○ Vol.17, *The Development of Personality*

■ 융을 읽으려는 사람들을 위한 가이드

학생들이 융의 분석심리학에 관한 책을 읽기로 결심한 후 가장 먼저 부딪히는 문제는 어디서부터 읽기 시작해야 하고 어떤 책을 어떤 순서에 입각하여 읽어나갈 것인가 하는 것이다. 영어로 번역된 융의 전집은 총 19권으로 융의 저술을 전부 담고 있는 것은 아니다. 예를 들어 그 전집에는 융의 자서전인《추억, 꿈, 사상》은 포함되어 있지 않으며, 융의 마지막 저서인《인간과 상징》과 개인적으로 출판한《죽음에 대한 일곱 가지 설교 (Septem Semones ad Mortuos)》도 들어 있지 않다. 그렇다고 아무 책이나 마구잡이로 읽는 것은 현명한 처사가 아니다. 이러한 책들의 주제는 매우 특별한 것이 많아서 처음 읽는 사람으로서는 그리 흥미로운 주제들로만 되어 있다고 보기 힘들기 때문이다.

그렇다면 어디서부터 읽어나가야 할까? 아마도 다음과 같은 제안이 도움이 될지도 모르겠다. 이 책들은 대개 독자들에게 심리학에 관한 지식을 무리하게 요구하지 않는다. 우선 영어로 된 융 전집은 프린스턴 대학 출판부에서 출판했다는 사실을 알리고 싶다. 우리가 읽기 권하는 책들 가운데 문고판이 있는 경우는 그 목록을 제시할 것이다.

융을 읽기 위해 가장 먼저 권하고 싶은 책은《추억, 꿈, 사상》이다. 이 책은 빈티지북스(Vintage Books) 출판사에서 문고판으로 시중에 내놓았다. 그 다음으로는 융이 에세이 형식으로 쓴《무의식에로의 접근(Approaching the Unconscious)》이라는 책이며, 이는 1964년에 출판된《인간과 상징》에 포함된 내용이다. 이 책 역시 델(Dell) 출판사가 문고판으로 만들었다. 또한 이 책에는 다른 저명한 분석심리학자들이 쓴 글들도 포함되어 있다. 이 두 책은 융이 거의 말년에 쓴 것으로, 융의 개념들이 비교적 안정적으로 정리가 된 시기에 씌어졌기 때문에 일반 독자들이 충분히 읽을 수 있을 것이라 보고 추천한다.

그 밖에 다음 사항을 참고하기 바란다.

1) 융의 전집 중에서 읽어볼 만한 내용

- Vol.6, *Psychological Types*, chapter X, "General Description of the Types", pp.330~407.

- Vol.7, *Two Essays on Analytical Psychology*(paperbound edition:World Publishing Co.), "The Psychology of the Unconscious," especially pp. 40~117; "The Relations between the Ego and the Unconscious."

- Vol.8, *The Structure and Dynamics of the Psyche*, "On the Nature of the Psyche" (paperbound edition:Princeton University Press); "The Stage of Life."

- Vol.9, Part I, *The Archetypes and the Collective Unconscious*, "Archetypes of the Collective Unconscious"; "The Concept of the Collective Unconscious"; "Concerning the Archytypes, with Special Reference to the Anima Concept."

- Vol.12, *Psychology and Alchemy*, Parts I and II, pp.1~223.

위에서 말한 문헌들은 융을 좀 더 확고하게 이해할 수 있는 지식의 기틀을 마련해줄 것으로 생각되어 일독을 추천한다. 융의 논문들 중 많은 수가 '휴대용 융(The Portable Jung)'이라는 제목으로 바이킹(Viking) 사에서 출판되었으며 문고판도 있다.

특별한 주제에 관한 융의 개념을 알고 싶은 독자라면 다음을 참고하기 바란다.

- 원시인의 심리 → "원형적 인간(Archaic Man)", Vol.10, pp.50~73.

- 여성의 심리 → "유럽의 여성(Women in Europe)", Vol.10, pp.113~133.

- 미국인의 심리 → "미국식 심리학의 부작용(The Complications of American Psychology)", Vol.10, pp.502~514.

- 종교의 심리 → Vol.11, 특히 "심리학과 종교(Psychology and Religion)", pp.5~105.

- 요가, 선, 불교, 이 칭(I Ching) → Vol.11, pp.529~608.

- 연금술 → Vol.12, Vol.13, Vol.14.

- 예술과 문학의 심리 → Vol.15, pp.65~141.

- 정신 치료 → Vol.15, pp.65~141.

- 교육 → "분석심리학과 교육(Analytical Psychology and Education)", Vol.17, pp.65~132.

- 꿈 → Vol.8, pp.453~483.

- 만다라 → Vol.9, Part I, pp.355~390.

- 감각 외적 인지 → Vol.8, pp.421~450.

- 단어연상검사 → Vol.2.

- 프로이트 → Vol.4.

- 숨겨진 현상 → Vol.1, pp.3~88.

- 정신분열병(조발성 치매) → Vol.2.

마지막으로 한 가지 더 읽도록 권하고 싶은 책은 융이 심리학에 대해 어떻게 접근했는가에 관한 것으로 《비행접시:하늘에서 본 것의 현대적 신화 (Flying Saucers:A Modern Myth of Things Seen in the Sky)》 제10권이다. 이 책은 뉴 아메리칸 라이브러리(New American Library)가 문고판으로 출판해두었다. 그 밖에도 융의 주요 저술과 논문은 많다. 그러나 비행접시처럼 논쟁거리가 되기 좋은 주제에 대해 명료하게 기술해놓은 것은 없다. 읽는 맛이 느껴지는 책이 될 것이다.

2) 융 전집(Collected Works of C. G. Jung)

허버트 리드(Herbert Read), 마이클 포드햄(Michael Fordham), 제라르 아들러(Gerhard Adler)가 쓴 총 열아홉 권의 융 전집이 있다. 윌리엄 맥과이어 (William McGuire)가 편집했고 헐(R. F. C. Hull)이 번역했으며, 미국 프린스턴 대학 출판부에서 출판했다. 영국에서는 루트리지 앤 캐건 폴 (Routledge and Kegan Paul) 사가 출판했다. 그 목록은 다음과 같다.

- ○ Vol.1, *Psychiatric Studies*
- ○ Vol.2, *Experimental Researches*
- ○ Vol.3, *The Psychogenesis of Mental Disease*
- ○ Vol.4, *Freud and Psychoanalysis*
- ○ Vol.5, *Symbols of Transformation*
- ○ Vol.6, *Psychological Types*
- ○ Vol.7, *Two Essays on Analytical Psychology*
- ○ Vol.8, *The Structure and Dynamics of the Psyche*
- ○ Vol.9i, Part i. *The Archetypes and the Collective Unconscious*
      Part ii. Aion:*Researches into the Phenomenology of the Self*

○ Vol.10, *Civilization in Transition*

○ Vol.11, *Psychology and Religion : West and East*

○ Vol.12, *Psychology and Alchemy*

○ Vol.13, *Alchemical Studies*

○ Vol.14, *Mysterium Coniunctionis*

○ Vol.15, *The Spirit in Man, Art, and Literature*

○ Vol.16, *The Practice of Psychotherapy*

○ Vol.17, *The Development of Personality*

○ Vol.18, *Miscellany*

○ Vol.19, *Bibliography and Index*

3) 추천도서

Dry, Avis M. *The Psychology of Jung*. New York : Wiley, 1961.

Fordham, Frieda *An Introduction to Jung's Psychology*. London : Penguin Books, 1953.

Jacobi, Jolande *Complex, Archetype, Symbol in the Psychology of C. G. Jung*. New York : Pantheon Books, 1959.

Prochoff, I. *Jung's Psychology and Its Social Meaning*. New York : Julian, 1953.

Serrano, M. C. *Jung and Herman Hesse*. London : Routledge and Kegan Paul, 1966.

Wher, G. *Portrait of Jung*. New York : Herder and Herder, 1971.

■ 융 연보

1875 스위스 케스빌에서 출생
1879 바젤로 이사
1895 바젤 대학 입학
1896 아버지 사망
1900 바젤 대학 졸업, 취리히 부르크횔츨리 정신병원에서 근무 시작, 취리히 대학
      에서 박사학위 취득
1902 파리에서 피에르 자네에게 사사함
1903 엠마 라우셴바흐와 결혼
1904 단어연상검사 연구
1905 취리히 대학에서 강의 시작
1907 프로이트와 만남
1909 부르크횔츨리 정신병원 사직, 정신분석의로 개업
1911 프로이트와 함께 강의 후 여행, 국제정신분석협회 회장으로 추대됨
1912 《무의식의 심리학》 출간, 프로이트와 결별
1913 취리히 대학 강의 사직
1914 국제정신분석협회 회장 사임
1919 처음으로 '원형'이라는 용어 사용
1920 튀니지와 알제리 여행
1923 볼링겐에 여름 별장 마련
1924 푸에블로 인디언 연구
1926 케냐의 마운트 엘곤 지역 거주민 연구
1933 취리히 페더럴 폴리테크니컬(Federal Polytechnical) 대학 심리학과 교수가 됨.
      《Central Journal for Psychotherapy and Related Fields》 편집자
1935 스위스 임상심리학회 회장
1941 취리히 페더럴 폴리테크니컬 대학 은퇴
1943 바젤 대학 임상심리학과 교수
1945 《칸타스로페를 향해서(Nach der Kantastrofe)》 출간
1950 《자아의 이상 현상(Aion-Fanomenologie des Selbste)》 출간
1957 《현재와 미래(Gegenwart und Zukunft)》 출간
1961 쿠스나흐트에서 사망

■ 찾아보기

프로이트를 정신의학의 아버지라고 부르기도 하지만 융은 프로이트에 뒤지지 않는 하나의 거대한 산맥이다. 흔히 두 거장을 비교하여 프로이트는 생물학적·과학적인 데 비하여 융은 종교적·철학적 색채가 짙다고 한다. 또한 프로이트는 정신의 결정론 쪽이며, 융은 목적론을 강조했다는 점에서도 두 사람을 구분한다. 하지만 융과 프로이트를 단순 비교하는 것으로는 융을 전부 이해했다고 할 수 없다.

나아가 실제로 환자를 치료하는 임상의의 관점에서 어느 쪽이 옳고 그르다고 단정하는 것은 어리석은 일이 되리라. 하지만 융의 개념을 토대로 환자를 볼 경우 장점은 있다. 이 책 곳곳에서 언급되어 있지만 융은 어느 한 가지 이론이나 개념에 얽매이는 것을 좋아하지 않았다. 따라서 환자에 대해서는 허용적이었으며, 환자 또한 많은 가능성을 이해하게 되면서 자유로워지고 편안해질 수 있다고 했다. 나 역시 임상의로서 그런 경험을 자주 한다. 어쩌면 볼 수 없고 만질 수 없는 정신을 치료하는 사람의 처지에서 융의 이론이 치료자 자신에게 먼저 허용과 수용을 용인해주기 때문인지도 모르겠다.

또 한 가지 재미있는 것은 융의 방식을 통한 꿈 분석이다. 프로이트와 달리 융은 꿈의 내용물들에 상징을 직접 대응하지 않고, 당사자가 꿈 내용을 토대로 더 많은 것을 생각해내도록 유도함으로써 자유연상 이상의 효과를 나타내고, 당사자의 실제적인 면들을 도출하게 했다.

뿐만 아니라 '해석'보다는 '해몽'에 관심이 많은 사람이라면 솔깃할 수 있는 이야기도 있다.

어떤 사람이 융에게 자신의 꿈에 대해 말했다. "제가 사방이 막혀 있는 어두운 방에서 왔다 갔다 하고 있었습니다." 그러자 융은 빨리 뇌검사를 받아보라고 했다. 그 결과 뇌실에 종양이 있다는 것이 밝혀졌다. 융은 그 사람의 꿈에서 '막힌 방'을 '뇌실'로, '왔다 갔다 하는 사람'을 종양으로 해석한 것이다.

이 이야기는 정말 해몽에 관한 것이라기보다는 융이 항상 관심을 가져왔던 초자연적인, 숨겨진 무엇 혹은 동시성에 관한 것일 수 있다. 이처럼 융의 이론은 접근하면 할수록 무궁무진하고 흥미로움을 자아내는 측면이 있다.

일단 융의 이론과 개념을 간략히 정리하면 다음과 같다.

융은 리비도를 성적인 것에 국한하지 않고 모든 지각·사고·감정·충동의 원천이 되는 에너지로 간주했고, 마음은 쾌감 원칙에 지배되는 것이 아니라 이 에너지에 의해 자율적이되 일정한 법칙을 가지고 조절된다고 하였다. 또한 인격을 의식과 무의식으로 나누고, 무의식은 또다시 개인적 무의식과 집단적 무의식으로 나누었다.

의식은 자아와 가면으로 구성되며, 자아는 의식의 핵심, 가면은 환경에 대처해가는 얼굴로서 그 역할을 담당한다. 따라서 자아와 가면이 조화와 균형을 이루지 못하면 심리적 부담을 일으켜 병적으로 될 수 있다.

개인적 무의식은 경험에 바탕을 두며, 기본적으로는 의식될 수 있는 편이다. 집단적 무의식은 의식되기 어렵지만 인격 전체를 지배하고 있으며, 종족적으로 유전된 것이다. 동시에 개인적 경험을 초월한 것이기도 하다. 집단적 무의식에는 아니마와 아니무스 등 다수의 원형이 있다. 이러한 요소들을 기반으로 하여 인격은 내향적·외향적 유형으로 구별되고, 여기에 지각·사고·감정·충동이라는 심적 기능이 대응되어 여덟 가지 유형으로 구분할 수 있다.

하지만 융의 저작은 방대하며 그를 표현할 때 수식처럼 따라붙는 그의 박식함과 인간에 대한 애정은 융이 사용한 몇 가지 용어나 유형론을 알게 되었다고 해서 끝나는 것은 아니다. 더구나 아직 그의 자료들은 체계적으로 연구되고 있지 못한 형편이다. 이 입문서는 그런 여러 가지 장애물을 넘어 융에게 가까이 접근할 수 있도록 쉽고 간략하면서도 충실한 내용을 담고 있다.

아마 융에 대해 이해하는 사람들이 많아지면 많아질수록 좀 더 인간적이고 안정된 사회가 이루질 수 있을 것이란 생각도 든다. 세상에서 가장 어려운 일이 자기 자신을 아는 것이란 말이 있다. 융은 자기(자아가 아니라)를 태어나서 이루어야 할 과제가 아니라 이미 있던 것을 알고 이끌어내어 사용할 수 있게 하는 것이라고 했다. 이 말은 인간이면 누구나 가진 커다란 의문에 대한 좋은 답이다. 더구나 자신에 대해 알게 된다면 타인에 대한 이해의 폭도 넓어질 것이므로 자신이 속한 사회에 대한 태도나 기여가 달라질 것이다.

저자는 머리말에서 이 책이 융을 이해하는 데 밑거름이 되어 융의 책을 더 많이 접하고 싶다는 욕구를 불러일으키기를 바란다고 했다. 이 책은 아마 틀림없이 그런 점에서 한 걸음 내딛게 해주는 초석이 될 것이다.

옮긴이 **김형섭**

1959년생으로 고려대 의대를 졸업하고
정신과 전문의로 용인정신의학연구소장을 지냈으며,
지금은 대전광역시립 한가족노인전문병원장으로 있다.
역서로《한 권으로 읽는 융》《하루 36시간의 긴 행로—
치매 환자의 관리와 간호》가 있고,《인생에도 연습은 있다》
《자신 있게 살고 싶다면 실패의 기억부터 지워버려라》
등의 수필집이 있다.

융 심리학 입문

1판 1쇄 발행 2004년 12월 10일
2판 1쇄 발행 2009년 9월 30일
2판 10쇄 발행 2023년 7월 1일

지은이 캘빈 S. 홀, 버논 J. 노드비 ｜ **옮긴이** 김형섭
펴낸곳 (주)문예출판사 ｜ **펴낸이** 전준배
출판등록 2004. 02. 12. 제 2013-000360호 (1966. 12. 2. 제 1-134호)
주소 04001 서울시 마포구 월드컵북로 21
전화 393-5681 ｜ **팩스** 393-5685
홈페이지 www.moonye.com ｜ **블로그** blog.naver.com/imoonye
페이스북 www.facebook.com/moonyepublishing ｜ **이메일** info@moonye.com

ISBN 978-89-310-0469-4 03180